受験突破《とっぱ》の新思考力開発

子供のうちから
思考力を
育てれば、
生涯役に立つ

Hirotaka & Ruriko HENMI
逸見浩誉・留莅子

たま出版

はじめに

現代ほど、教育について様々な議論が交わされているときはない。二〇〇二年から文部科学省が唱える「ゆとり教育」が始まったが、施行されてまもなく、指導の基準が改められたりして、どこに着地するのかわからない状態である。文部科学省が無視できないくらい、最近の教育問題に関する世論が大きくなっている。

そんななかで、どんな教育環境を子どもたちに与えていったらよいのだろうかと迷っている人は少なくないのではないか。「ゆとり教育」にしても、それに賛成する人もいれば、反対する人もいる。

ただ、現実は、子どもたちの学力は確実に低下してきている。それにともない、一所懸命に努力をすることもなく、ただ進級・進学をしていく者も多い。その反面、小学生たちが夜九時一〇時まで、それも週に四・五日も塾通いをして、中学受験まっしぐらという状況も見受けられる。

たしかに、親としては、学力低下の著しいなかで、子どもを塾にやって少しでも学力を身につけさせたいという気持ちになるのはもっともだろう。しかし、小学生にとって、成長するのに必要な多くのことを犠牲にしてまで、勉強に専念させる必要があるのかという疑問が残る。

勉強をさせれば勉強ばかり、遊ばせてしまえば遊ばせてばかりといった両極端の思考になってはいまいか。「適度に遊び、適度に学べ」というのが、理想の形であると思うが、その理想はどこへ行ってしまったのか。

最近の母親たち（とくに、幼少期の子どもをもつ母親）に、「あなたは、将来子どもを塾に通わせたいですか？」と聞くと、「あまり通わせたくはありません」と答える。

しかし、年頃になると、ほとんどの人が塾通いを強いられているのが現状である。

なぜ、そうなるのか。

その理由の多くは、

「家で勉強しないから」

とか、

「親も勉強を教えられない」

「公立小学校では、十分な教育が受けられない」

「公立中学へ進学させるのが不安」

「中高一貫教育である国私立中に行くほうが大学受験に有利」

などである。

しかし、それぞれのニーズは多様であるにもかかわらず、首都圏では、多くの子どもが大手の進学塾に通っている。大手塾の寡占化は、近年激しくなっており、今回の「ゆとり教育」が施行されてからは、大手塾だけが生徒数を一〇％近く伸ばし、中小の塾はますます厳しい状況になっている。

本書は、小さい子どもたちが、長期間、長時間の塾通いを強いられている現状に対して、

①それは、正しいことなのか、もしかしたら、利点よりも弊害のほうが大きいのではないか。

②消費者である親たちは、選択肢が少ないがために、やむを得ず子どもたちを塾通いさせているのではないか。

または、この社会のなかに目には見えないシステム的なもので、そうせざるを得ないようになっているものがあるのではないか。

③子どもたちにとって、それだけの多くの時間をかけなければ、本当に私・国立中学の上位校には合格できないのか。

といった素朴な疑問を、読者とともに考えてみることを目的としている。そして、本来、子どもたちにとって必要な教育環境とは何かをあらためて考え直したいのである。

私たちは、二〇年前に、成智《じょうち》ゼミナールを設立し、学習塾を始めた。塾名の通り、「智（人間にとって本当に必要な智慧）を成す」ことが大事で、心の成長こそが第一だと考えた。後に、東大アカデミー（どんな子でも、その子が行く学校は最高のもの＝東大と同じことを意味する）に改称し、現在、HEGL（HENMI EDUCATIONAL GENERAL LABORATORYの四つの頭文字をとってHEGL〔ヘーグル〕という）逸見総合教育研究所として、幼児教育部門「七田チャイルドアカデミー立川校」（現在、全国四二〇校のなかで、生徒数八〇〇名をかかえ、日本一の教室となっている。テレビ出演も多数あり、おなじみの方も多いと思う）を併設して活動中である。

ＨＥＧＬが開発したＭＥＰコースは、そんな世のなかの状況のなかで、子ども（とくに小学生〜中学生たち）が、本来の子どもの生活を謳歌《おうか》しながら、現実の中学受験にも対処できる方法はないかと考え、一流のスタッフが結集して作られた理想的なプログラムである。

週一回程度で、ふだん家でもあまり勉強をしない子どもが、なぜそんなに優秀なのかと驚かれる方も多い。その子たちは、少ない勉強時間（通常の中学受験の半分以下の時間）で、大きな成果をあげている。

たとえば、「三時と四時の間で、一二の数字の方向と長針の方向を短針が二等分するのは三時何分ですか」（次ページ参照）という問題を小四の生徒が、初めて見たにもかかわらず、スーっと解いてしまうのだ。この子たちは、ガリ勉ではけっしてない。とにかく遊ぶのが大好きな子どもたちだ。

この問題は、あくまでも一例であり、小学三・四年生がこのような中学入試の難問題をスラスラと解いてしまうというのは、日常茶飯的に起こっ

〔例題2〕3時と4時の間で，12の数字の方向と長針の方向を短針が2等分するのは3時何分ですか。

〔解説〕

図に整理すると右のようになります。

3時の時点から考えると，長針が進んだ角度はア，短針が進んだ角度はイです。

このとき，ウとエの角度が等しくなるので，ウはアの $\frac{1}{2}$ になります。

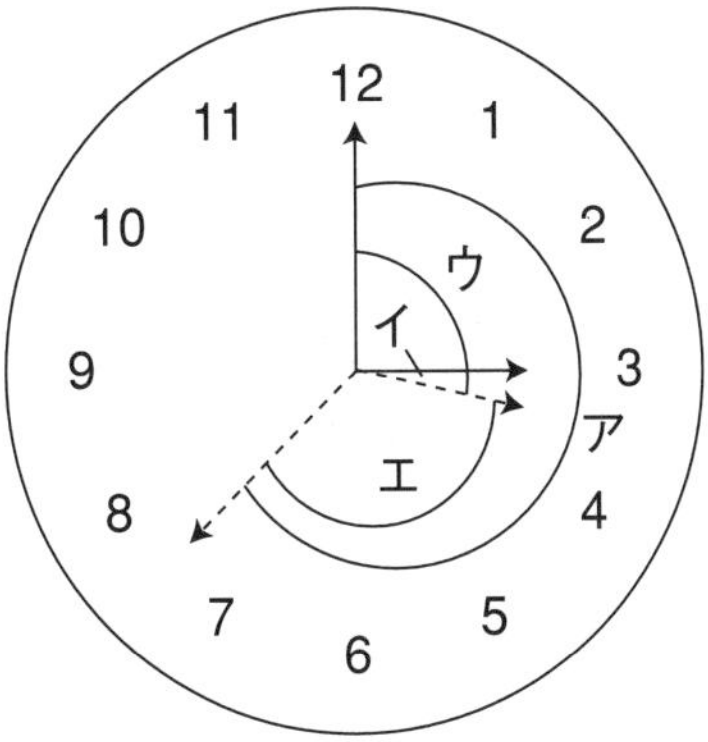

長針と短針が同じ時間に進む角度の比は6：0.5＝12：1で，これがアとイの大きさの比なので，ウ：イ＝6：1になります。
図より，ウとイの差は90（度）なので，イは $90\times\frac{1}{6-1}=$ 18（度）
18÷0.5＝36（分）

答　36分

ている。

そんな、理想的なことを可能にするプログラムがあるのだ。

私たちは、

「子どもたちの可能性をとにかく伸ばしてあげたい。そして、個性の花を咲かせてやりたい」

「本当の思考力を身につけさせ、考えることの好きな子、そして、考える喜びを与えたい」

「心を育てられる環境を作りたい」

という思いを強くもっている。

そして、すばらしい教育を受けるのと受けないのとでは、その子の可能性には雲泥《うんでい》の差があることを実証したいのだ。

そういう点では、中小の心ある塾というのは貴重な存在で、塾の原点は、様々な考え方を根幹とし、それぞれが思い思いの教育をし、また、教育を受ける側もそれらを自由に選択できることが必要だ。

しかし、いま、それらの塾が存続していくには、あまりにも厳しい状況が続いている。

首都圏では、大手のハードな塾しか生き残れないというのが現状である。「ハード」とは、長期間、長時間、過大なストレスを子どもに強いるという意味で、そうした塾が支持されているのである。

私たちも、仕事柄、塾の先生方にお目にかかることもあるが、総じて人間的に魅力のある方は少ない。

進学塾だからといって、単に学力を身につけるため、勉強ができるためだけの場でよいのだろうか。

大学受験ならまだしも、中学受験の場合、相手は小学生なので、勉強も大切だが、もっと学ばなければならない大切なものは、幾多もあるはずだ。そうしたことを総合的に考えに入れて、指導していかなければならないのである。

塾の先生は、子どもの成績だけを見て差別的な扱いをする。それは、この業界の内情をよく知っている私たちからすると、いまさら不思議なことではないが、そんなことは、教育上、本来はあってはならないのである。

人間は、目に見えるものや、言動だけでなく、その人間から出てくるオーラを感じている。小学生や幼児であれば、そのオーラを感じ取る能力は大人の比ではない。

だから、子どもたちに対しては、学習指導を通じて、人間力を鍛え、人間的指導が根底にできる指導者でなければならないはずである。

「三つ子の魂百までも」。これは、三歳までに置かれた環境が、子どもの魂を支配するということわざであるが、教育者として考えれば、「小学生までの魂百までも」とでも感じざるを得ないような要素が多分にある。

それほど重要であるこの時期に、大人たちは、大人たちだけの論理で子どもに接してはいけないのである。

本書をお読みになって、新たな気づきを得、子どもたちのいままで気づかなかった新たな面が発見できるようになり、ほとばしる可能性の輝きに気づいていただくきっかけとなれば、幸いである。

【目　次】

はじめに　3

第1章　日本人の学力が下がるなか、文科省はいつまでダブルスタンダードを続けるのか　21

教育に疑問をもて　22
受験勉強も楽にこなせる　25
薄っぺらい教科書　28
なぜ「ゆとり」が掲げられたのか　29
学校は「生きる力」まで与えてくれる　31
「ゆとり」は以前からあった　33
学習内容のぶつ切りでは、ゆとりは生まれない　36
花から種も消えた　39
遊びは学校で、勉強は塾で？　40
「ゆとり」から「確かな学力」へ　43

目　次

ダブルスタンダードの文部科学省　45
日本の学力低下は事実　47
削減のツケが回ってきた　50
日本だけが世界に逆行している　53
「ゆとり教育」総括　55

第2章　問題だらけの塾の実態……63

結局、私立や進学塾に流れる　64
〝不安産業〟の進学塾　66
進学塾のジレンマ　68
進学塾を支持する母親の本音　71
子どもの心を荒ませる塾　74
〝お受験殺人〟は氷山の一角　79
子どもの歪みは親の歪み　82
塾機材納入業者が見た進学塾の横顔　86

第3章　日本の国自体が〝進学塾〟病にかかっている………91

巧妙な「日本進学塾システム」　92
母親の孤立が始まり　94
自分だけ上に立ちたい　98
ストレス・チルドレン　100
子どもが家庭で王様に　104
際限のない利己化システム　106
心が壊れた子どもたち、子ども化する大学生　109
大砲を超える「子ども王様化計画」　112
自分は幸せではないという日本の子どもたち　115
合理性の檻　118
生命には合理化にもほどがある　121
純粋培養ではひ弱に育つ　125
根拠のない信念が成功を生む　130

第４章　そこで私たちからの提案
——新学習システム「ＭＥＰ（メップ）」……135
こちらにも戦力がある　136
過度の塾通いを始めればダメになる？　137
小学生を人生の素地を築く重要な時期としてとらえる　139
営利主義ではなく子ども中心に考える　142
ＭＥＰ誕生　144
ＭＥＰのお膳立てをするＰｒｅ—ＭＥＰ　145
第５章　親の側にもあるこれだけの問題点……147
進学塾の空気にさらされると切れる頭が錆びついてしまう　148
一〇歳ころの没頭が心の土台を作る　152
東大に入学して困るワースト・テンの高校　155
第一志望校に受かっても　158
進路指導の名のもとに　159

エジソンはＡＤＨＤだった？　162
親のひとり相撲はやめよう　166
子どもの笑顔がバロメーター　171

第６章　「良い頭」は「良い食事」から生まれる……177

晩ごはんはハンバーガー　178
食育は何よりも大切　181
良い頭を作るには、よい食事から　183
子どもたちの体に異変が　184
夕食の意義　188
食事を家族が揃ってとることの重要性　192

第７章　ＭＥＰはどこがすぐれているのか……195

小学校高学年は脳にとっても黄金期　196
真の論理的思考力を身につけるには１（長文読解力）　199
真の論理的思考力を身につけるには２（算数力）　203

子どもから理科実験の体験が消えつつある　208
一日二時間の勉強で一万五千人中一位の子も出現！　210

第8章　理想の教育を求めて……213

成功を導く能力こそ身につけるべき　214
ＩＱより社会的知能　216
関係性のなかで自我が育つ　220
ＥＱからＳＱへ　222
なぜ空しさを解決しようとしないのか　230
子どもこそ人生の意味を求めてあえいでいる　232
問いは自分のなかにある　237
大いなるものを求めさえすれば　239
教育の本質とは何か　244
教育の目標とは　246

あとがき　251

第1章

日本人の学力が下がるなか、文科省はいつまでダブルスタンダードを続けるのか

教育に疑問をもて

子どもが社会に出るまでの間に、厖大《ぼうだい》な時間が教育に費やされている。公教育をはじめ、私立学校、進学塾など、既存の教育システムに、子どもたちはどっぷりと浸かっている。

その時間を有意義なものだとみなしているのが私たちの社会だ。少なくとも無益だとは思っていない。

学校制度や教師の質には疑問をもつことがあったとしても、そこで行われている教育そのものには大きな信頼がある。

たとえ同じ教育を与えられていながら、勉強が「できる子」と「できない子」に分かれる現実があったとしても、それは子どものやる気や素質の問題、すなわち、ひたすら教育を受ける側の問題だということで了解されてきている。こと教育そのものに関して疑われることはまずない。それが日本の常識だ。

教育と名がつくなら何でもよいものとみなす、いわば〝教育性善説〟とでもいおうか。

しかし、教育にも疑問をもたなければならない。教育は聖域でも何でもないのだ。

教育の理想は何かというと、人の能力や個性を最大限に引き出すことだといわれる。それでは、教育の現実的な目的は何かというと、大きく分けて、「知識や技能修得のための訓練」と、「思考力の育成」の二つになる。

これらはまあ、教育というものの定義であって、もっと手っ取り早くいえば、結局のところ、教育に求められるのは「頭をよくさせること」だといってもかまわない。「脳を鍛え、開発し、働きをよくさせる」ということだ。

脳を十分に開発すれば、能力や個性を最大限に引き出すことにもなるので、教育の理想とも矛盾しない。

現実的な意味での教育は、頭をよくする方法であるかどうかが問われるべき時代に入ったのである。なぜなら、私たちはすでにその方法を実践し、成果をあげているからだ。

私は塾を経営して二〇年になる。前半の一〇年間は進学塾で、後半の一〇年はある早期教育塾のグループに所属して幼児教室を運営しながら、妻の留莅子《るりこ》とともに独自の教育研究所を設け、オリジナルな潜在脳開発と、それに基づいた知育発達の総合教育を研究してきた。

私たちの教室には、世間でいう天才児がゴロゴロいる。二〇〇二年現在、東京の立川まで、都内はもとより、神奈川県、埼玉県、千葉県、茨城県、群馬県、栃木県、山梨県の関東一円から、さらには遠く長野県や静岡県、新潟県からも毎週通ってきてくれる子どもたちがいる。

私たちの教育法で、天才児がゴロゴロ生まれてきているのだ。どんなに優秀であっても、ゴロゴロ生まれてくるなら、それはもはや〝天才児〟ではない。普通児だ。

かつての天才児が普通児となる時代がそこまで来ているのである。

受験勉強も楽にこなせる

本来、教育とは人がもっている能力を引き出し、知恵を養い、考える力を身につけさせて、豊かな人間にさせるためにある。

しかし、狭義の意味では、もっと卑俗に、いい大学に入るための受験能力を高めるという、テストの点取り能力を高めさせるための教育もある。

いまの日本の親が「子どもにはいい教育を受けさせたい」というとき、それは何をいかに学ばせるのかではなく、なんとか有名大学に入れたいものだというのと同じ意味である。

あらゆる受験競争に勝ち進んで、大企業に入り、より高いサラリーや地位を得る。先行投資として、そういう能力を授ける働きが教育に求められているという面は否めない。

単純な話、学校に通い、塾に通うというのは、ピアノを学ぶのに、左手の学校と、右手の学校と、両手を同時に動かす学校というように、それぞれ別々の学校に、わざわざ時間と電車賃をかけて通うようなもの。それでは大きなロスで、不合理このうえない。

一括して鍛える訓練法でシステマティックにやるべきだ。

ピアノ教室に通うのは、それぞれの運指《うんし》の正確さを学ぶのが目的ではない。素晴らしい演奏ができるようになるためだろう。それが私たちの目指す総合教育である。

公教育には教科学習の教授法としても、合理的にできていない問題がある。やはり知識の「詰め込み」に比重がかかりすぎて、思考力の育成がおろそかになっている。その意味で、公教育の実態を考える必要がある。

東大出身タレントの菊川怜さんが、数学が好きになったのは、小学校の先生がとても面白く考えさせてくれる授業をしてくれたからだといっていた。そうやって、教師の教え方によって、学習意欲が向上し、学習能力がグンと伸びたという話はよく聞くことだ。

医者を選ぶのも寿命のうちというが、教師（学校）と巡り会うのも学力のうちである。

薄っぺらい教科書

「ゆとり」という言葉が示すように、ご承知のように公立学校では授業時間と学習内容が大幅に減らされることになった。教科書の薄さに、なるほどこれがゆとりかと大いに実感させられたことだろう。

このような「ゆとり」がもたらされることになったのは、まず土曜日が完全に休みになったことで登校日が減ったことと、次に「総合的な学習の時間」というものが新たに設けられることになったからである。

この「総合的な学習の時間」というのは、これまでの教科を超えて、総合的に学習するというもので、算数や国語などの主要教科を単元として教えることではない。これに時間を回すということで、小学校三年生以上で週三時間、中学校で週二〜四時間が教科時間から減らされることになった。
これらによって教科の学習内容はおよそ三割削減となったのだ。

なぜ「ゆとり」が掲げられたのか

土曜休みは仕方がないとして、それではどうしてそれを上回るかたちで学習内容の削減が行われねばならなかったのか。

今回の学習指導要領改訂の基となった九六年の中央教育審議会答申には、次のような言葉が見られる。

「現在の子供達は、物質的な豊かさや便利さのなかで生活する一方で、学校での生活、塾や自宅での勉強にかなりの時間を取られ、睡眠時間が必ずしも十分ではないなど、〔ゆとり〕のない忙しい生活を送っている」

「過度の受験競争は、子供たちの生活を多忙なものとし、心の〔ゆとり〕を奪う、大きな要因となっている。小学生の子供たちなどが、夜遅くまで塾に通うといった事態は、子供の人間形成にとってけっして望ましいことではない」

また、九八年六月に発表された教育課程審議会の最終報告要旨にはこうある。

「豊かな人間性や社会性、国際社会に生きる日本人としての自覚や自ら学び考える力を育成するため、各学校が創意工夫を生かしてゆとりある教育活動を展開し、子どもに基礎・基本の定着を図ることが重要」

つまり、社会に生きる人間としての、最低限の基礎的な思考力を養うための時間を確保するということらしい。

そのために教育内容を減らす。つまり、学習量を減らすことで子どもの負担を軽減するという意味のゆとりということのようだ。

学校は「生きる力」まで与えてくれる

実は「ゆとり」という言葉とともに、今度の教育改革のキャッチフレーズが「生きる力」だった。

それでは「生きる力」とは何か。

それは、「自ら課題を見付け、自ら学び、自ら考え、主体的に判断し、よりよく問題を解決する資質や能力」のことだという。

とにかく「ゆとりのなかで基礎学力を身につけ、生きる力をはぐくむ」というのが、「ゆとり教育」の基本方針らしい。この「生きる力」を養うための教育活動が、新設された「総合的な学習の時間」だった。

これらを考えて、「ゆとり教育」のもくろみを平たくいえば、評論家の小浜逸郎氏の次の言葉にまとめられるだろう。

「子どもは、受験戦争や詰め込み教育で苦しんでいて、その重圧とストレスで不登校に陥ったり、非行やいじめ、キレた行動に走るのだから、そうした重圧から子どもを解放してあげなくてはならない。日本の教育は画一主義的で管理主義的だから、もっと子どもの自主性を尊重し、自由な個性、創造性を伸ばしてあげなくてはならない。これまでの教育は知育偏重で、徳育をおろそかにしてきたから、これからはもっと豊かに心を育てなくてはならない。ともかくまず、子どもから勉強や学習の負担を少なくすること」

（『別冊宝島Ｒｅａｌ　特集「小学校がたいへん」』より要約）

「ゆとり」は以前からあった

ゆとりというぐらいだから、これまでの学校には相当ゆとりがなかったのかというと、これがそうでもないのである。表を見ればおわかりのように、授業時間の削減はいまに始まったことではなく、一九八〇年以来、ずいぶん削減されてきた（制定は一九七七年）。

この七七年に改訂された学習指導要領では、「各教科の指導内容を基礎的・基本的な内容に精選し、これらの事項を確実に身につけさせることを通して、創造力の育成を図ること、各教科の標準時間数を削減してゆとりある学校生活を実現する――」ということで、早くも「ゆとり」が掲げられ、授業時間では小学校で七パーセント、中学校で一一パーセント削減されている。すでにこのときからゆとり路線が始まっているのだ。

学習指導要領の改訂ごとに削減が続き、今回（九八年制定）の大幅削減で、一九六八年から比べると、授業時間については、小学校六年間の主要四科目の三九四一時間から二九四一時間とちょうど一千時間、約二五パーセントも減ったことになる。前回の改訂からは約一五パーセントの減少率だ。

この授業時間の減少に加えて、学習内容は三割削減だ。

ごく単純に考えると、もし学習内容が一五パーセント削減されたとしたら、時間の一五パーセントと学習内容の一五パーセントで釣り合い、ゆとりは生まれないということになるが、学習内容が三〇パーセント削減とい

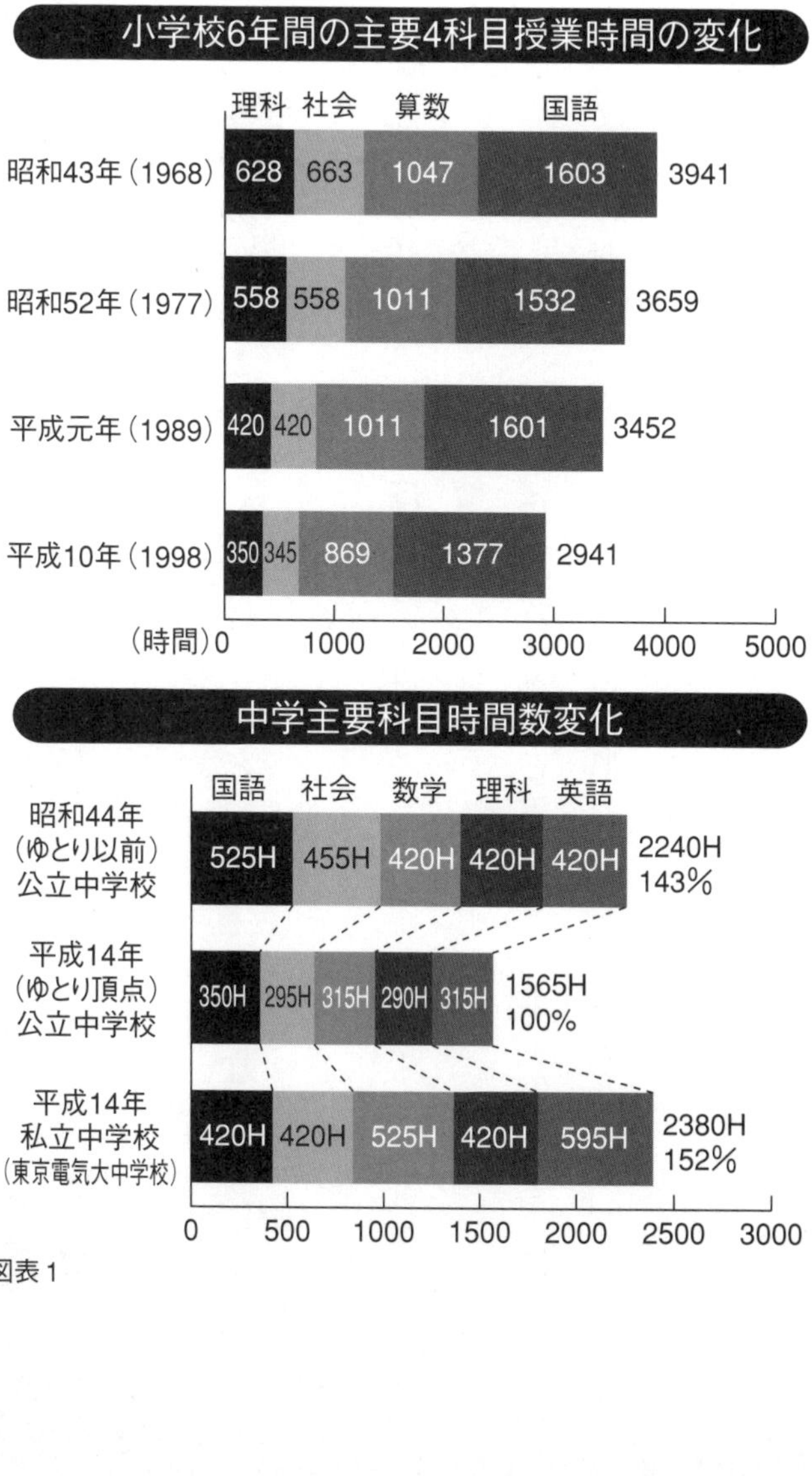

小学校6年間の主要4科目授業時間の変化
理科
社会
算数
国語
昭和43年（1968）
628
663
1047
1603
3941
昭和52年（1977）
558
558
1011
1532
3659
平成元年（1989）
420
420
1011
1601
3452
平成10年（1998）
350
345
869
1377
2941
（時間）0
1000
2000
3000
4000
5000
中学主要科目時間数変化
国語
社会
数学
理科
英語
昭和44年（ゆとり以前）公立中学校
525H
455H
420H
420H
420H
2240H
143%
平成14年（ゆとり頂点）公立中学校
350H
295H
315H
290H
315H
1565H
100%
平成14年 私立中学校（東京電気大中学校）
420H
420H
525H
420H
595H
2380H
152%
0
500
1000
1500
2000
2500
3000

図表 1

うことなので、そのぶんゆとりができたという計算にはなる（図表1参照）。

学習内容のぶつ切りでは、ゆとりは生まれない

授業時間が減って、学習内容も減れば、なるほどそれがゆとりかと思うが、ちょっと考えると不可解な思いも出てくる。

ゆとりというのは、たんに授業時間や学習内容の量の削減の問題ではなく、子どもが理解を深めるために、十分な時間が用意されることではないかということだ。

極端にいえば、たとえば、現今の授業時間数のまま学習内容を半分に減らす、たとえば小学校三年までの学習内容を、小学校六年間をかけてこな

すことにしたとしても「ゆとり教育」になるだろう。

逆に、たとえ学習内容を倍にしても、一日一〇時間授業にして、生徒の全員が理解できるぐらいの手間暇をかければ「ゆとり教育」になる理屈にはなる。

屁理屈といえば屁理屈だが、「ゆとりイコール削減」ということで、とにかく学習内容を減らせばゆとりになるという発想が先に立っていることに対し、皮肉の一つもいってみたくなるのである。

学習内容のレベルを下げようと思えばいくらでも下げられる。

いくらゆとりといっても、たとえば小学校で消化すべき学習を中学校まで持ち越すというのはどうか。そうなれば、「ゆとり」というより「ゆるみ」か「たるみ」だろう。つまり、適正な学習レベルの考慮なしに、たんに学習量や時間だけで、「ゆとり教育」は考えられないのである。

大人が思うより子どもの能力は優れている。子どもたちが、詰め込み教育で苦しんでいるというなら、教え方にも大きな問題があるのである。

子どもは関心のあることなら、よく覚える。子どもの関心を引き出すことを考慮し、学習がさらなる関心を呼ぶようにうまく系統立って教えることができれば、驚くほどの理解を見せるものだ。

まったくそれに反し、ただブツブツと無秩序にカットし、教科書を薄くしさえすればいいとしか思えないのが今回の新学習指導要領である。「ゆとりイコール削減」、まず三割削減ありきで、その削減量を満たせばいいとしか思っていないように見える。

それでは量は減っても、かえって理解しずらくなることにもなる。テレビの時間枠に収めるために、映画のフィルムをアトランダムにカットしてつなげるようなものだ。

合理的な学習が阻害され、学習効率ということでは、けっしてゆとりが生まれるわけではない。このぶつ切りを見れば、ますますゆとりの意味がわからなくなる。

花から種も消えた

ただたんに教科書のページをアトランダムに千切《ちぎ》るような、ぶつ切りで適当に間引くだけの無秩序な削減が、全教科で行われるのだ。

いちいち例を挙げていれば切りがないので、理科の削減から一つ、五年生の教科書の「花のしくみ」から子房が消えたことを挙げておく。オシベ、メシベ、がく、花びらはあっても、子房が削減されたのだ。子房がカットされているのだから、当然、実や種もない。

一番大事な、花は何のために咲くのかという科学の根幹の思考を育むべき素材が断ち切られているのである。これでは、性教育の定番だったメシべとオシベからの導入もできなくなるということか。

このように、自ら考え、自ら解決する力を養う教育への方向転換だったはずの「ゆとり教育」も、削減の仕方を見れば、有益な結果を招くという意味でのゆとりが生まれるとはとても思えないのである。

遊びは学校で、勉強は塾で？

「二〇〇二年からの学習指導要領では、わからないで出る子は一人もいないようにする。中学卒業時点で全員一〇〇点でないとおかしいんです」

文部科学省のスポークスマンはこういっていた。

現在の学校では、半分の子どもたちが授業についていけない。そういう落ちこぼれの子どもたちを救済するために、学習内容を基礎的なものに厳選するという趣旨の発言だった。

それでは、できる子はどうするんだという反発が当然のことながら生じる。難しい授業で、できない子が無為に過ごすのと同じく、レベルを下げれば、今度はできる子に無為な時間を強いることになる。それもまた差別ではないか。

大学入試は依然として変わっていないのだから、それでは学力が低下して入試には通らなくなる。

そういう反発に対しては、一部の生徒のために大多数の子どもを犠牲にしてはいけないとの答えが返された。しかし、だからといって一部のできる生徒を犠牲にしていいということにはならないのだ。

有能な人材を育てるのは、教育の主要な役割ではなかったのか。そもそも、できる子を一部しか養えないこと自体、教育の責任ではないのか。

全員が一〇〇点をとれるようなレベルなら、今度はあまりに簡単すぎて、一部の生徒どころか、半分以上に無為な時間を過ごさせることになる。つまり、それもまた、一部の生徒のために、他の大多数の子どもを犠牲にするということなのだ。

スポークスマンは、高偏差値の優秀な子どもを伸ばすのは、公教育の関知するところではないといっていた。そういう者は、塾へ行くなり私立校へ行くなりしてくれというのである。

たしかに、さほど目立たなかった子どもが、塾の特訓を受けて上位一割のグループに入った例は多々ある。遊びは学校で、勉強は塾でという笑えない構図ができそうだ。

義務教育は、最低限の「読み書き算数」を確保したうえで、みずから考える力を養い、他人と協調し、たくましい生活の営みを可能にさせる「生きる力」を養うための、ボーイスカウトのような場所にする。友情や献身や正義感を教え、体を鍛え、忍耐力を養い、ヒモの結び方やナイフの使い方、サバイバル法を教えたりする。

皮肉ではなく、それが時代の要求で、国民の総意ならそれでいい。しかし、学校とは何をするところなのかという根本的な議論が何もなされていないのである。学力優先の考えは根強くあるだろう。

「ゆとり」から「確かな学力」へ

「ゆとり教育」は学力低下を招くとの猛反発にたえかねてか、文部科学省は二〇〇一年一月に、まず「学習指導要領は国が定める最低基準であり、各学校で弾力的に取り扱うことが可能」だとし、二〇〇二年一月にはさらに「確かな学力の向上のための二〇〇二アピール――学びのすすめ」を発表した。

〝学びのすすめ〟となっているように、始業前の学習、放課後や土曜日の補習、宿題を与えることなどを学校の判断で適宜行うことを要請し、「ゆとり」や「生きる力」にはほとんど触れず、ここではとにかく「確かな学力」が強調された。

さらに習熟が速い子どもには、「発展的な学習」の提供が推奨されている。

この「発展的な学習」によって、真分数の加法・減法の基本を速くマスターした子どもには、帯分数や仮分数の計算を指導することが推奨されているのである。ということは、習熟が遅い子どもは、帯分数や仮分数を知らないままで学校を出るか、自分でそれらを見つけ出して、学習しなければならないことになる。

もちろん、進学塾では十分に手ほどきされている。

さらに文部科学省は、大急ぎで二〇〇二年の秋ごろまでに、新しい教科書から漏れた学習内容を〝復活〟させた指導資料まで出している。これで習熟度別指導に活用せよというのである。

ダブルスタンダードの文部科学省

ふつうは、これで「ゆとり」から「確かな学力」へ軌道修正されたのかと思う。しかし、「ゆとり」から「確かな学力」への方向転換ではなく、文部科学省は、教育政策に変更はないと強調するのである。

大変なのは教育の現場の先生方だろう。指導時間を削減されながら、ゆとりをもって、「生きる力」や「確かな学力」を導かなければいけないのだから。

とくにできる子どもには、さらにできるようにさせるための積極的な指導が求められるようになった。〝ゆっくり急げ〟というようなものだ。

一番問題なのは、受験体制はそのままだということだ。それこそがまさにダブルスタンダードで、深刻さはそこにある。

大学入試センター試験をはじめ、公立大学の多くが行う二次試験は、依然として暗記を強いる知識詰め込み型で、問題数も多く、素早く解いていかなければ消化できない問題である。

進学塾で受験テクニックを磨き、反射速度を鍛えておいたほうが圧倒的に有利だ。

じっさい、進学塾で受験テクニックを学んで偏差値が急上昇し、高偏差値大学を目指すことにした者は少なくない。また、それで頭がよくなったんだと錯覚する子どももいる。

混乱するのは子どもたちで、相変わらず、学校と進学塾とのダブル生活に追われるのである。それもまたダブルスタンダードか。

日本の学力低下は事実

勉強時間が少なくなれば、ふつうは学力も低下する。

二〇〇二年二〜三月に、東京大学校臨床総合教育センターが実施した算数の学力テストによれば、同じ問題を使った二〇年前の調査では、正当率が七五・二%あったのが、今回は六四・五%と、一〇・七ポイントも落ちていることがわかった。正当率が低い、理解の遅い子の割合も増えている。

二〇〇二年以降どうなるかは、調査をするまでもないだろう。

国際的な学力調査では、日本の凋落《ちょうらく》を示す端的な例がある。英語力テストのTOEFLだ(図表2)。これは非英語圏の国民が、アメリカの大学教育についていける英語力をもっているかどうかを見るもの。

というと、いくら日本の成績が悪いといっても、「もともと日本人は会話は全然ダメだからね」と、みな平気でうなずくのではないか。

おそらく、その余裕の笑顔の裏には、読解力には優れているという自信がある。自虐にもゆとりがある。

誰しもこれからは英語力がものをいうことは十分に承知している。会議をすべて英語でするとか、英検の修得を義務づける企業も増えてきた。英会話が大事なのは当然だとしても、いまはインターネットの時代であり、会話というよりは、読解力や作文能力があればなんとかなる。

その点、日本人は会話ができないぶん、読み書きには長《た》けていると楽観的になっていないか。ところが、その頼むべき読解力も、文法・作文とともに低い結果しか出ていないのである。

図表2「アジア諸国のTOEFL結果」（一部）1997年

（世界順位） 国　　名	聞き取り Listening Compre- hension	文法・作文 Structure& Written Expression	読解 Reading Compre- hension	総合
（5）　シンガポール	60	60	60	597
（54）　中国	52	57	57	555
（115）香港	53	50	53	520
（118）韓国	49	52	54	518
（125）ミャンマー	51	51	52	514
（138）ベトナム	51	50	51	508
（140）台湾	50	51	51	508
（148）朝鮮民主主義人民共和国	50	49	50	497
（150）日本	49	50	50	496
（158）モンゴル	49	49	49	490

＊スコアは偏差値。総合スコアは、三部門の平均値を10倍したもの。各部門は小数点以下が示されていないため、総合スコアとずれがある。

削減のツケが回ってきた

図表3を見ればわかるように、六九年以降、中学英語は削減を繰り返してきた。やはり、このツケが回ってきたと見るのが妥当だろう。

それにしても、日本は中学・高校の六年をかけていながら、少しも英語を喋れるようにならないということが、英語教育批判の定番となっている。

もちろん、会話を目的とした授業ではないからだが、そもそも中学では週四、五時間（今年からは三時間プラス選択）の授業時間しかないのである。これでは会話ができるようになるのは無理だし、それどころか読み書きさえままならない。

習うより慣れろというように、外国語は相当な時間をかけなければ修得

減少する英語の文法事項（中学校）

	1958年	1969年	1977年	1989年	1999年
文型	5種 33文型	5種 37文型	5種 22文型	5種 21文型	5種 21文型
新語表	1100～ 1300語	950～ 1100語	900～ 1050語	1000語	900語
必修語数	520語	610語	490語	507語	100語
文法事項	20項目	21項目	13項目	11項目	11項目

図表3

は難しい。この体制では会話はまず無理なのだから、せめて読解力はと考えるのが筋ではないか。

しかし、新学習指導要領によると、あえて「音声によるコミュニケーション能力の育成に重点をおいた」として、会話重視を掲げているのである。会話重視なら、普通は毎日でも詰め込んでやらなければなるまい。

ＴＯＥＦＬのランキングは、聞き取りの点数は下げ止まりになるとしても、これでは読解力や文章力はなおも下がり続け、アジアの最下位競争を演じるだろう。

会話もできない、読めもしないという、それではなんのための英語教育かと、〝余裕の自虐〟もシリアスになってしまうのだ。二〇〇二年からは、中学の必須単語は五〇七語から、なんと一〇〇語に削減されたのである。

日本だけが世界に逆行している

とにかく、世界各国は重要課題として教育を重視し、みな学力の向上を目指して躍起《やっき》になっているのである。二〇〇〇年には、東京で主要八カ国（G8）の教育大臣会合が開催され、そこではたんに教育の大切さではなく、具体的な学力の向上が目標として掲げられ、確認されている。

アメリカでは、日本でゆとり路線が初めて実施されてから三年後の一九八三年に、『危機に立つ国家』と題された政府の教育報告書が提出された。それによれば、過去二〇年間に学力が著しい低下をしたことがわかり、レーガン政権に対し、大々的な教育改革に取り組ませることになったのである。

当時のアメリカは教育の荒廃が凄まじく、学力低下はもとより、麻薬やドラッグの蔓延、暴力や犯罪の横行などで悩まされていた。その原因となったのが、生徒の自主性を重んじるという、アメリカ式の教育の自由化路線だったと猛省したのである。

レーガンが大統領に就任したのは一九八一年。当時のアメリカは基幹産業の不振で景気が悪く、その原因に教育の荒廃があるとレーガンは考えた。

彼は、学力を充実させるために、かつての規律のある教育体制を回復しなければならないと訴えて、日本の教育に学べということで、様々な教育視察団を我が国に送り込んだのである。『危機に立つ国家』は、そのような流れのなかからもたらされたのだった。

ちなみに『危機に立つ国家』は一般書として出版され、全米で三五〇〇万部もの大ベストセラーになった。もはや二〇年も前のことだ。

以来、アメリカは当時の日本を参考にし、厳格な教育路線に転換していまに至っている。その成果なのかどうかはともかく、その後、アメリカは力強いアメリカを取り戻した。

アメリカが転換した教育路線が、日本の「ゆとり教育」とまったく正反対だとは思わない。だが、アメリカが学力の向上を掲げたのは事実であり、この二〇年間、日本が確実に学力低下の道を歩んできたのも事実である。

その結果、いまの日本の社会はどうなったか。

「ゆとり教育」総括

日本語で「教育」といえば、ふつう知識を授けるものと思われているはずだ。しかし、英語のｅｄｕｃａｔｉｏｎは意味が微妙に異なる。ここで、ｅｄｕｃａｔｉｏｎという言葉の語源を考えてみよう。

まず、ｅはｅｘと同じで、ｏｕｔの意味。ｄｕｃはｌｅａｄと同じで、つまり「人の能力を導き出すこと」となる。教育関係に従事している者にとっては、これぐらいは常識的な知識だろう。

食料援助や施設を建造するだけの日本のＯＤＡへの批判で、こんなふうにいわれるのをよく耳にすると思う。すなわち、「井戸を掘ってやるのではなく、井戸の掘り方を教えなければならない」とか、あるいは「魚を与えるのではなく、魚のとり方を教えなければならない」などと。これが教育にも当てはまる。

そういう理念をもとにした教育は、一般的には、知識を覚え込ませるだけの、学校のいわゆる「詰め込み」教育と対立するものとして考えられるだろう。思考力を養う教育とは反対のものとしての「詰め込み」だ。

とはいえ、「詰め込み」もある程度は必要である。思考力はまず知識がなければ始まらず、最低限、読み書き算数の「仕込み」は欠かせない。そもそも知識や思考力のベースとなる言葉は、脳への仕込み以外のなにもののでもない。

日本語の「教育」には、たんに教えるのティーチ（ｔｅａｃｈ）やインストラクト（ｉｎｓｔｒｕｃｔ）のほかに、トレーニング（ｔｒａｉｎｉｎｇ）の意味もある。この三要素がバランスよく行われるのが理想の教育なのである。

ｉｎｓｔｒｕｃｔには、「教える」という意味のほかに「指図する」という意味もある。ｓｔｒｕｃｔは積み重ねる（ｐｉｌｅ）の意味で、知識を積み重ねるところからきている。

しかし、それだけでは犬の仕込みと同じ。人間を柔順な忠犬に仕立てるならともかく、みずから考える力や創造力を養わせるのでなければ、本来のｅｄｕｃａｔｉｏｎにはならないのである。そうでなければ、井戸の画期的な掘削《くっさく》技術など開発されるべくもない。

柔順に型どおりに訓練されるばかりでは創造力は養われないし、そういう国民しかいなければ、いくらクオリティーが高い製品を造れても、永遠にライセンス生産しかできない国になる。そういうときは、〝うまくインストラクトされた労働者は多いが、エデュケーションはなされていない〟といわれるのである。

ただし、「人の能力を導き出す」というエデュケーションも、一般的なエデュケーションと私たちのエデュケーションでは大きな隔たりがある。すなわち、一般的なそれは脳の表面的（顕在的）な能力を導き出すにすぎないのに対し、全知教育というときのエデュケーションは、それに加えて「潜在脳」の開拓も行われるのである。

要は、教育には「ティーチ、インストラクト」「エデュケーション」「トレーニング、ドリル」の三つの要素があり、このバランスがうまくとれていないと、不完全な教育になるわけである。

「ゆとり教育」というものは、多くの識者が批判していたように、何も意図的な愚民化政策ではなく、これまでの公教育が知識偏重の詰め込み主義（ティーチ重視）であったとの反省に立ち、そこから「自ら考える力」を養う方向へ転換させようという企図であったと思いたい（文部科学省に、まさに愚民化政策が目的の勢力があるとの噂もあるが、それはまた別の問題なのでここでは触れない）。

それが本来のエデュケーションである。それならわかる。私たちもそれなら賛成なのだ。

そもそも日本の公教育は知識詰め込み型に大きく傾いていた。

たとえばよくいわれるように、日本の歴史の学習といえば、史実を覚えることが中心である。教科書を丸暗記すれば、学校のテストも受験もまず事足りる。

社会的な通念としても、歴史がわかるというのは、史実の知識があるということであり、なぜそうなったかを多角的・有機的に分析できるということはさして求められない。

これに対して、たとえばアメリカの歴史の授業は、史実を覚えることよりも、なぜそうなったかを考えさせ、発表し討論させることに時間を割いている。宿題もたくさん出て、レポートもバンバン提出しなければならない。

だから教師によっては、アメリカの独立だけで一学期を終わることもある。歴史を通して考える力を養うという理念があるのである。

もちろん、考える力は、知識をより所にしている。知識がなければ思考力も生まれず、知識が多ければ多いほど、頭脳の栄養になるし、多角的な見方も可能になる。

しかし、思考力は必ずしも知識量に比例しないのだ。大学教授やクイズ王がみな賢人だとは限らない。知識をもっているだけで有効利用できない愚者はたくさんいる。

教育の基本は知識を与えることにある。それは否定できない。それとともに、計算の時間も必要となる。いわゆる「計算スキル」の習熟だ。

計算力は、何よりトレーニングがものをいう。漢字の練習もトレーニングのうちである。それを土台にして、問題解決や「自ら考える力」を導き出してやらなければならないのだ。

それがエデュケーションだった。残念ながら一九八〇年来の「ゆとり教育」は、教育の三本柱の一つも満足できていないのである。

第2章

問題だらけの塾の実態

結局、私立や進学塾に流れる

教育理念にしろ、受験対策の勉強にしろ、やはり私立の中高一貫校はシステマティックにできている。

もういちど三五ページの図表1を見てほしい。公立中学と私立中学の、主要五教科の授業時間の比較が載せられている（下の表）。

私立の授業時間はなんと公立の一・五倍。この学校は特別ではなく、私立のオーソドックスな例であり、ゆとり路線以前の公立とさほど変わっていないのである。

学力低下の情報も浸透しているので、中高一貫の私立校に人が集まるのは当然である。大学合格の実績という点では、公立は私立に差をつけられる一方で、差を縮めるのはまず不可能だ。公立が荒れているとなれば、公立離れはますます加速する。

じっさい、ある大手進学塾の調査によれば、首都圏の小学校卒業生二九万人のうち、二〇〇二年春に、私立中学などを受験した者は一三％台となり、過去最高となった。

私立中学の受験にしろ、大学入試にしろ、学力低下の防衛策として、当然進学塾は活況を呈してくる。入塾テストをすれば前年より生徒は二、三割増え、塾の株価も上がった。

少子化で経営悪化が予想される進学塾には、学力低下への危惧は大きな宣伝材料になったわけである。

〝不安産業〟の進学塾

問題はこの進学塾、とくに私立中学受験の塾に多くの問題がある。私もかつては塾を経営していたので、様々な裏話が伝わってきたし、いまも耳に入ってくる。

塾も企業なので、客（生徒）集めのための多少の誇大広告も必要だろう。ただし、「泥んこ汚れも真っ白に」という洗剤のＣＭの誇大さを見抜けるほどには、塾の広告は見抜けない。

典型的なのは受験者の合格者数である。それぞれの塾の合格者数を足したら、学校の定員を楽にオーバーすることになる。塾生ではなく、数日の夏期講習や冬期講習、さらには入試直前の模試を受けただけで、塾の生徒として勘定されることになる。まあ、この程度は予想もつくことで、笑ってすまされるだろう。

塾は典型的な〝不安産業〟である。不安をあおることで客をつかむ。学力低下のキャンペーンも、ＣＭとして見れば好例となる。不安をあおるばかりか、不安を作りもする。

たとえば、昔からあるワザに「○○学校対策」として模試をやる。これがひどい難問で、生徒は「このままじゃ受からない」と焦ることになる。そこで特別特訓コースに参加させるわけだ。料金も高い。

これも、まだ片頬ぐらいでは笑っていられるだろう。

小六で、ふつうは週三、四回というところを、関西で週七日の塾が出てきた。いずれ、週八日の塾も出てくるのではないかと噂されている（笑）。そういう塾のなかには、晩ごはんは塾ですまし、食事時間をとらないで五時から九時までびっしり授業という塾もある。

進学塾のジレンマ

中学受験の生徒に教える、よい講師の条件は、まず子どもたちを飽きさせない、おもしろい授業ができることである。しかも、高校受験などよりかえって難しい専門的な技術が求められる。

たとえば算数では、高校受験は方程式を使えば解答できるが、中学受験はそうはいかない。方程式を用いないで問題を解くことも要求される。

社会では大学受験に匹敵するような細かい知識まで要求されることも少なくないし、国語も記述ではかなりのレベルでの心情説明ができないといけない。大学を出てすぐ中学受験生の指導ができるわけではないのだ。

しかも、小学生に受けるギャグを飛ばしながら、大学教授並の知識をビートたけしや明石家さんま流の話術で教えるという二重のテクニックが求められるので、この仕事に向いている人はがくっと少なくなるのである。だから、優秀な人気のある中学受験指導講師を数多く集めるのは容易ではない。ある有名な進学塾の場合、多店舗経営を図るうえで、これが大きなネックとなった。

これからの少子化の時代に、多くの受験生を集め、大量の合格者を輩出させなければならない進学塾にとって、多店舗経営は塾として生き残るための至上命題である。

大学受験の予備校では、一人でも優秀な名物教師がいれば生徒集めの〝ウリ〟になる。

ところが、中学受験の塾ではそうはいかない。勘のいい母親たちが教室長にこう詰め寄ってくるのだ。「どうして同じ授業料を払っているのに、ＡクラスとＢクラスの先生ではこうも違うのですか」と。

教室長は何も答えられず、ただ頭を下げるしかない。実は本当に優秀な講師はこの学年には一人しかおらず、その他の講師はどれも似たり寄ったりだからだ。

では、どうすればいいのか。答えは簡単。優秀な講師を数多く集めようとしてもそれが不可能であれば、優秀な講師にやめてもらえばいいのである。つまり、一律に平凡な講師であれば、そんなものかということでクレームがつくことはなくなるのだ。

しかし、それでももし授業自体のレベルも下がることになれば、進学塾の生命線である合格実績を維持していくにはどうするかというもう一つの命題にぶち当たることになる。

その解決策として、子どもたちにいままで以上の多くの問題を解かせればいいという結論になるのである。数多くの問題に当たっていれば、どれかの類似問題が入試当日に出される可能性が高くなるというわけだ。

そういう対策が施されているので、子どもの勉強量は年々増えていくのである。

進学塾を支持する母親の本音

小学生は、何かと手のかかる時期である。とくに二年生から三年生の時期は、第二の反抗期にもなっているので、何かと親につっかかってくる。気に入らなければ親の前にいなければいいのに、まだ親離れの時期でもないので、いつでも親の前にいる。親は少しでも勉強してほしいと思っているのに、勉強しろといえばまたけんかになり、コントロール不能の状態に陥ってしまう。

夫も帰りが遅くて、子どものことは母親に任せっきり。そんなとき、母親はポストにあふれている進学塾のダイレクトメールに気づくのである。

数日後には、その説明会で耳を傾ける彼女の姿があるだろう。

「このままでは大変なことになります。公立にそのまま入っていたのでは、どこの大学にも行けませんよ」

「みんな勉強をやっていないようで、実はやっているんです」

などの説明に、母親はふだんから不安があるのに、そこでいっそう不安があおられる。

「当塾では、学校ごとに、過去の出題傾向を徹底分析したうえでの合格カリキュラムを組んであります。お子さんと二人三脚でがんばります。入試当日には、校門の前で当塾の先生たちが結集して、子どもさんの手を握って、がんばれよ、いままで先生たちと一緒に、春期講習も夏期講習も冬期講習も正月特訓もがんばってきたんだから大丈夫だよ、といって送りだします」

その後に、説明者は今年の有名校の合格者数を誇らしげに発表し、最後の締めは、裏事情をよく知る塾関係者も涙するという、戦場丸だしのビデオを流し、母親もまた、わが子もとうとう少年戦士になったのだと納得するのだ。

その手に持つバッグにはグッチのマークがキラリ。私も長いあいだ子育てで家に閉じこもってきたんだし、ここらで息子にもがんばってもらって、あの有名ブランド校の制服を着てもらいたいものだと、プライドに火がつくのである。

たいていの母親は、こうしたカラクリに対する免疫力ができていないので、コロッとやられてしまい、まなじりを二〇度くらいアップさせて家路につくことになる。進学塾の思惑と、母親の本音や見栄が合致する瞬間である。

これでいうことを聞かないわが子を塾に押し込んで、週三日の解放気分が味わえる大義名分ができたわけだ。週三日で足りなければ、弱点補強という名のもとに、単科講座を履修させ、週五日にすることも可能になる。また、長い夏休みには夏期講習があり、いくらでもオプション講座があるので、母親にとっても万全だ。

高学年にもなれば問題のレベルが上がり、母親はもう勉強を教えることはできない。塾にさえ行ってくれれば、子どもたちは一所懸命勉強しているに違いないと思い込む。

子どもの心を荒ませる塾

中学受験の進学塾の裏話をすれば切りがないが、一番の問題は、子どもの心に対する影響である。元々この進学塾の問題を放っておけないというところに、本書を書く動機の一つがあった。

結論から先にいえば、進学塾は心を歪める可能性がきわめて高いのである。こうなると、もはや笑ってもいられない。

公教育は学力低下を招き、進学塾は心を歪める。

もちろん、すべての進学塾がそうだとはいわない。しかし、有名校に送り込んだ人数を競っている中学受験の進学塾の多くで、それが見られるのだ。

そこでは過剰な点取り競争を強いられ、一部の高得点の勝者と、低得点の敗者に選別される。敗者は惨めな思いをさせられ、プライドを傷つけられる。

無防備にすっかり塾の悪《あ》しき競争主義に洗脳され、心を歪めさせられ、競争に負けて傷つけられている子どもが、陳腐な言葉だが、とてもかわいそうでならないのである。

そういうとこういう反論が必ずある。

入試は選抜試験なのだから、競争である。社会に出てからも競争の連続だ。学校は平等主義で学力低下を招いている。だから厳しく競争を仕込む。それが結局は子どものためになるのだ――。

もっともな意見だ。健全な競争ならいいのである。しかし、塾の競争は健全な競争とは言い難い。

競争ではなく、「狂争」だ。「君たちは受験生だ。一般の小学生とは違うんだ。そんな成績じゃ○○中に入れないぞ。公立に行く気ならそれでいい。でも、それじゃあ、君たちおしまいだぞ」などと、不安をあおり、脳に過剰なストレスを招く。大学受験ならまだしも、まだ心が発達中の小学生には負担が大きすぎる。

じっさい、「あれをやらなければクラスが落ちる。これをやらなければ受験で落ちる。テストの点が下がった、大変だ、落ちる、落ちる」と、不安をあおられて、子どもの尻を叩いて塾に行かせるような、超マイナス思考の「狂育ママ・パパ」だと、その子どもにチックが出たり、円形脱毛症になったりするケースが多くなる。それはけっして極端な例ではなく、よくあることなのだ。

そういう子どもは、学校でいじめる側に回りやすく、兄弟に暴力をふるったり、万引きしたりすることにもなるのである。典型的なストレス反応だ。また、成績上位生のクラスほど、カンニングが多いというのは有名な話であり、中学受験ならではのことではないかと思われる。（親からのプレッシャーが強力だからであろう）

野球やサッカーなどのスポーツでも、厳しい練習と、スタメン争いの激しい競争がある。しかし、そういうスポーツのストレスで万引きをするというのはあまり聞かないだろう。

成績もよく、学校でも塾でも表面的にはストレスを感じてはいないように見える元気そうな子どもでも、潜在意識にマイナス思考が植え付けられていないとはいえないのである。不安は人を動かす好材料になりやすいが、マイナス思考の種を蒔き、将来の失敗の温床となる。子どもを動かす原動力は、不安のムチであってはならない。

もう一つの問題は、主体的に考えさせないことである。徹底的な管理のもと、問題とその解法スキルを大量に仕込むだけで、問題をゆっくり自分で考える時間を与えない。

スキルが上達すれば確実に点数は取れるようになる。だが、考える力は養われない。点取りブロイラーが生産されるだけで、与えられたエサをつつくのはうまくなっても、問題を自ら見つけて新しい解決法を見出す独創性や創造力も育たない。いわゆる指示待ち人間が増えるだけだ。

〝お受験殺人〟は氷山の一角

一九九九年、東京の文京区音羽で〝お受験殺人〟といわれた事件があった。三〇代の主婦が、友人の主婦の娘を公園のトイレへ誘い込み、殺害して遺体を遺棄した。

当時、被告には、五歳の息子と二歳の娘がいた。この二歳の娘が犠牲になったのだ。

友人の二人の子どもたちは、それぞれ国立大学付属小や幼稚園に受かったが、被告の子どもは二人とも落ちている。文京区は「お受験」が盛んな地域で競争も激しいことから、被告の友人への日頃の妬《ねた》みや恨みが招いたものだということで、マスコミはこぞって〝お受験殺人〟と報道した。

マスコミにとっては、ただの怨恨より、受験競争が背景にあるというほうがニュースになる。世間も、どうして関係のない子どもに手をかけねばならなかったのかとは首をひねったものの、過熱した「お受験」のママなら、そういうこともあるのかと了解したのだった。

教育熱が「狂育」になりかねないことを世間も十分に感じていたのである（ところが、被告自身は受験は関係ないと否定し、動機の真相はいまだにわかっていない。友人との個人的な確執があったということも報道されていたが、被告は動機の核心については一切語らず、このまま闇に葬られそうだ）。

その報道に接して、私たちはマスコミが伝えた動機を疑うことはなかった。つまり、「狂育ママ」の暴走だと。

世間の認識以上に、それをありえないことでもないという生《なま》の認識があったからだ。教育熱に狂奔するあまり、とても正気とは思えない行動をする母親を、いくども見聞きしている。

さらにその事件が印象を濃くさせたのは、殺害現場のトイレだった。私たちにはそれがまず強い印象として胸に刺さった。

私たちの教室は東京・立川市にある。文京区と並んで、文教地として名高い国立市は隣町だ。塾も多い。その国立駅のトイレで、塾の成績が下がったことで、子どもを平手打ちしている母親がいたという話を聞いたことがある。

私自身が目撃したのではないが、それもまた十分にありうる話だった。両者のトイレには特別の意味はなく、また二つの事柄にも何の関係はない。関係はないが、私の頭のなかで二つは結びついたのだ。

ある進学塾は、テストの成績ごとにクラス分けをし、競争をあおる。親もその順位を見せつけられ、クラスが下位になった母親が、私によくも恥をかかせてくれたわね、といってなじるのだという。

その言葉を直接耳にしたわけではない。だが、そういうことをいう母親がいることを私たちは知っている。

トイレで子どもを殴るにしても、どうして成績が下がったの、と直接子どもの出来の悪さを攻撃するのならまだまともだろうが、私に恥をかかせてくれたといって怒る母親とはどういうものか。同じ塾の、ライバルの母親たちに合わす顔がないとでもいうのか。

「私に恥をかかせてくれたわね」という言葉は、万引きで捕まった子どもを引き取りにくるときにもよく放たれる言葉らしい。

その罪をなじるのではなく、自分が恥をかかされたことに怒りまくる。そういう母親が増えているのである。それが子どもの心に影響しないわけがない。

子どもの歪みは親の歪み

その一方、こういう母親もいる。ある大手進学塾の近くの喫茶店で、母親が小学生の息子に食事をさせていた。

食事の合間に、子どもは熱心に漢字の書き取りをしている。あるいは勉強の合間に食事をしているというべきか。まあ、食事をしながら新聞を読む父親がいれば、食事をしながら勉強する子どもがいても不思議ではない。

ところが、その母親はスパゲッティをフォークで絡めて、子どもの口に運んでやっているのである。漢字の書き取りの手を少しも休めることなく、子どもは口を動かしている。

これはけっして東京の文教地区だけの話ではない。「日本BE研究所」主宰者の行徳哲男氏は、芳村思風氏との対談でこう述べている。

行徳氏の仲間が鹿児島から羽田行きの飛行機に乗ったときのこと。隣にポットからコーヒーを注いで、サンドイッチを食べている子どもがいたので、「坊や、どこへ行くの」と聞いたら、「東京の塾に行く。僕は土曜日の午後、学校から真っ直ぐ飛行場に行く。飛行機のなかで昼食はすます。土曜日の午後から日曜日の最終便まで東京の塾で勉強して鹿児島に戻る。それを僕は毎週やってるんだ」といったというのである。

行徳氏はこう語る。「私は塾がいやでしょうがなくて、あんなもの壊してしまいなさいよと言いたいんです。日本人の子どもたちをどれだけ塾が毒したか。何々塾だの何々ゼミナールだのがあるから日本の教育をダメにしたんです。こんな小さな子どもに本当に大切なのは泥んことお日様と腕白《わんぱく》仲間ですよ」

読者のみなさんはこの異様さに気づくだろう。しかし、「受験社会」にどっぷりと浸かっていると、なかなか気づかないのである。

子ども以上に親が病んでいる。いや、親が病んでいるからこそ子どもも病むのである。

さすがに、進学塾も子どもの心の問題を放っておけなくなったらしく、ある大手進学塾は、心理カウンセラーを置くことになったらしい。その話を聞いて私は唖然とした。

子どもたちの心の悩みに対処するというのが、また塾の〝ウリ〟になっているのである。

悪いたとえになるのを承知でいうが、これでは火消しが火をつける、いや、放火魔が消火するの類いではないか。

子どもは環境が作る。親も学校も塾も歪んでいるとしたら、どうして子どもは健全でいられよう。

塾機材納入業者が見た進学塾の横顔

塾がいまのように巨大産業となる約二五年前くらいから、塾で使用する机やイスなどを搬入している業者の人と話をする機会があった。そこで聞いた話は、いまの進学塾の横顔を鋭く浮き彫りにするような内容であった。その会話の内容を、要約して再現してみよう。

「最近、塾からの修理の依頼が多くてとても忙しいんです。ある塾のオーナーにこの前、二時間ほど絞られて大変弱りました。一七年も使った机が壊れてしまって、修理に行ったとき、『何で机が壊れるんだ。おかしいじゃないか』の一点張りなんです。こちらが、『これは、一七年も経っているので古いから仕方がないんです』と言っても取り合ってくれない。本当に弱りました。そういう人が教育するのって、どこかおかしいですよね。

　ある塾なんか、いろんなものが壊されるんです。偏差値の高いクラスほど、その壊れ方もひどい。子どものストレスが溜まっているのでしょうかね。机の天板なんてひどいもんです。カッターでごきごきやるもんですから、たまったもんじゃない。天板の脇についている保護のためのラバーなんて、すぐにはがされちゃう。教室やガラス窓に張ってあるロゴの小さな文字なんか一カ月ももちません。みんなはがしてしまうんです。

　だから、最近は、白いものはあまり使わないようになってきています。木目を主体とした色の濃いものを使います。そのほうが汚いのが目立たないですから。そういった塾の教職員はほとんど掃除をすることもないので、汚れていくのが早いんです。

　昔はクッション性の優れた布張りやビニールレザー張りのイスを使う時期もありましたが、カッターやシャーペンなどですぐに破られてしまうので、いまはほとんど木でできた頑丈な物が使われています。集団授業をする進学塾に比べ、個別指導の教室は、比較的きれいです。いたずらする暇もなく、子どもがすぐに帰ってしまいますから。

進学塾の教室に入ると、ほとんどの部屋は薄暗いです。なぜって、ガラス面は塾の宣伝のために塾の名前や宣伝文句の巨大なシートを全面に貼ってあるので、自然光はほとんど入りません。最悪なのは、窓ガラスに電光掲示板を据え付けている場合です。そのような教室は、昼間でも電気を消すと真っ暗です。まさに、地下収容所で授業をやっている雰囲気です。

この前、びっくりしたことがあります。その教室は、一番トップのエリートクラスです。新幹線などで遠くから通ってくる子たちが、早めに教室に着いて自習をしているのですが、一五人くらいいる小五の教室のなかはし～んと静まりかえっています。全員が参考書と微動だにせずにらめっこ。会話がまったくないのです。机をその部屋に納入しようとしたとき、誰もいないのかと思って入りましたが、何とも言えない異様な光景に思わず息をのみました」

その納入業者は、ＨＥＧＬの教室がきれいなのに驚いていた。「こんなにきれいな教室は見たことがない」と。「一〇年以上経っていてこれだけきれいな机は、天然記念物だ」と言っていた。まあ、うちにも机を納入している業者であるから、半分以上はお世辞もあるとは思うが。

しかし、子どもたちの心のなかに相当なストレスが溜まっているのは確かなようである。彼らはそのストレスをいつ、どこで発散させるのだろうか。

第3章

日本の国自体が〝進学塾〟病にかかっている

巧妙な「日本進学塾システム」

これまで、公教育と進学塾の批判をしてきた。公教育と進学塾は二つでセットの相互補完的システムであり、進学塾は子どもに過度なストレスを与えて心を歪めるからだというのが、批判の主な理由だった。

これまで語ったのは、奥深い病の症状にすぎなかったのだ。子どもたちの心の歪みは深刻だとしても、それは病根そのものではない。

もっと根本的な病理を明かさなければ、病の怖さが知られずに、たんにふがいない公教育、あくどい進学塾、かわいそうな子どもたちという通りいっぺんの図式で終わってしまう恐れがある。

進学塾の行き過ぎな面は誰でも感じている。頭にハチマキをして、いざ決戦におもむかんという受験戦士の光景を見れば、誰だってその異様さに気づかないわけはない。

だが、異様だとは思っても、ただ必要悪ぐらいの悪にしか思っていないのではないか。「弱い子どもは、心を歪めさせられることもあるだろう。でもね、受験があるなら、塾はなくならないさ、本当にヤバいと思ったら、そんなもの行かなきゃいいんだしね。何も塾は義務教育じゃないんだから」と。

いや、そうではない。簡単に抜けられるなら世話はないのだ。たとえ子ども自身が嫌でも、母親が抜け出せないし、父親が抜け出せない。学校が抜け出せないし、社会が抜け出せないのである。

実は、日本の社会が、「進学塾システム」という構造的な病理に侵されているのである。

このことについて誰もまだ真っ向から語ろうとしていない。それは非常に巧妙な、実に見事に完成されたシステムなのだ。

　このシステムは受験界だけで完結するものではなかった。もっと大きな「日本愚民化システム」の主要構造として、「進学塾システム」は機能しているのである。

母親の孤立が始まり

　母親ばかりを責めてきたように思われるかもしれないが、もちろん、このシステムのかつぎ手はけっして母親ばかりではない。子どもの教育、勉強のことは、まず母親に任っせぱなしというのが日本の父親の平均像である。

　いや、勉強にかぎらず、洗濯から子育てまで、家庭のこと全般を母親に任せている（ということを前置きにして、次に述べるのは病理構造を浮き立たせるために、話を図式化しているということをまずお断りしておく）。

父親は、子どもの成績が下がったと聞かされても、いうことといえば「ちゃんと勉強させてんのか」。

「あなたも父親として責任があるでしょう。もう少し子どものこと考えてよ」と母親が言い返せば、「稼いでくるのがおれだろう。ウチにいるおまえがしっかり見なくてどうするんだ」ということで、すべてが母親の責任となる。

母親は、夫が仕事が忙しいということで、かまってくれなくなれば、女としてなんとか自己愛の充実をはからなければならなくなる。出会い系サイトに足を踏み入れる勇気がなければ、子どもにそれが投影されることになるわけだ。

子どもは子どもで、だんだん生意気になって、母親のいうことも聞かなくなってくる。

前に、そんなときポストにどっさり詰まっている塾のＤＭに気づくといったが、本当はとっくにもう塾のことは頭にある。公教育のダメさ加減は散々聞かされているし、子どもの同級生もほとんどが塾に通っている。

まず、自分たちが塾で育っているし、そのおかげでそこそこの大学にも入れたと思っているのだ。まして我が子を有名大学に入れたいともくろんでいるなら、塾へ入れるのは当然の選択として勘定に入っている。

どうせ同じお金を出して私立中学に入れるなら、やはり見栄えのする学校のほうがいい。私はイマイチだったけど、この子は尻をたたいたら、けっこうがんばって歯学部にでも入れるかもしれない。

いまのうちから戦っておかなくちゃ、銀行や商社の企業戦士にもなれないということで、何の疑念もなく塾の選定に入るのだ。

合格率が高いのはいうまでもない。講師の質が高く、バシバシ厳しく管理してくれて、確実に受験テクニックを磨き上げてくれること。

ウチの子はちょっと呑気で気持ちが弱い面があるから、そのへんもしっかり鍛えてくれるとありがたい。あそこの塾は進路指導もちゃんとしてくれるっていってた。

そういえば、心理カウンセラーも置いてくれるっていうことだし、何かあれば相談もできるわね。ウチのダンナより頼りになるかもしれない……。

説明会に行ってみれば、昔の塾よりもずっと洗練されて、志望校へと運んでくれる合理的なシステムになっているではないか。

母親はいたく感激し、これはもう学校崩壊が進んでいるこの時代、塾こそがいまの社会になくてはならない教育現場なのだと大いに納得するのである。

だいいち、学校の絶対評価などより、大手進学塾の偏差値のほうがわかりやすいし、ずっと現実的な学力を示してくれる。何より、かつては自分自身がその高低で一喜一憂していたのだ。

それに、小学校の先生ののんびりとした素振りより、塾関係者の口ぶりや身振りには、子どもを任せるにふさわしい自信や覇気があふれている。学校が〝銃後〟なら、なるほど進学塾は〝前線〟なのだ。

ということで、塾を選んで子どもを通わせることにしても、父親へは事後承諾で、父親もまた、「あ、そう」とうなずくだけ。そうやってまた、進学塾システムの構成員が仕上がることになる。

自分だけ上に立ちたい

進学塾は、志望校合格至上主義という一律の価値観で支配されている。その目標だけを目指して、あとはわき目もふらずに突っ走る。受験戦士などといったが、塾からしてみれば、それは塾の株価を高め、給料をアップさせるための鉄砲玉にすぎないのだ。

鉄砲玉は、有名校目がけて発射されさえすれば、帰ってこなくてもいい。命中すればよし。外れても、毎年補給される消耗品である。不合格者に未練はなく、すぐに翌年の命中率の向上に向けて、また鉄砲玉へ新たな号令がかけられる。

鉄砲玉に心などなくていい。だから「おまえたちは受験生だ。受験生には夏休みも正月もない。合格してからやっと人間になれるんだ」と、鉄砲玉の心得をたたきこんでくれる。

学力増進というのは、生徒の学力のことではなく、鉄砲玉の命中率アップのことであり、塾の戦力増進のことなのである。「おまえたちのためにいってるんだ」と檄を飛ばすのも、もちろん自分たちの安全と平和を守るためにほかならない。

選抜試験は、他人よりもいい点を取るのが目標となる。ストレートに他人を蹴落とせとまでは教えないだろうが、せっせと点取り競争に励み、点の高低で褒められたり貶《おとし》められたりする環境に馴染んで、人よりも一点でも多い点を稼ごうと躍起になっていると、だんだんと自分だけ上に立ちたいという、自己中心的傾向が心のなかに染み込んでいくのだ。

もちろん、そんなことで、みんながみんな心の奥まで洗脳されて、自己中心的な人間が簡単に製造されるとは思わない。だが、仲間を出し抜くのは快感であり、テスト中に隣の仲間に消しゴムを貸すのを惜しむ気持ちが、自分のなかにあるのを感じないことはないだろう。

ストレス・チルドレン

それにしても世のなかは競争だらけだ。競争こそ、すべての発展原理ではないのかと、競争を肯定する人も少なくはない。

「実社会に出る前の子どもにとっても、スポーツや格闘技、芸術関係のコンクールにしろ、相手に勝つのが目的で、厳しい練習もあるというのに、どうして受験の点取り競争だけが責められなければならないのか」と。

とくにそれが、心を害することになるからというのが理由になるわけだが、それではどうしてそれが心を害するのか。

まず、スポーツなどは、競争といっても、その枠だけの競争だと割り切れる。練習の時間もふだんと切り離されるし、四六時中、勝てといわれ続けることはない。

負けたとしても、肉体的な枠のなかだけの優劣だとして慰められ、まして全人格的なところまで広げて無能扱いされることはない。将来の成功や不成功に結びつけてなじられることもないし、本人もそう思っている。

それに対して勉強はというと、学校、塾、家庭と、外でも家でも際限なく強いられる。しかも、偏差値が低いと無能扱い、悪者扱いされて、全人格が否定されたような気にさせられる。

不安産業だといったように、偏差値の高低が将来の地位を決めるのだと、徹底的に不安を与えられる。やはり何より、心を休めるべき家庭において、母親の過剰な期待と、小言、叱責、イライラが日常的に繰り返される。

受験戦士は、塾でおびえ、家庭でおびえ、心が休まるのは学校の「総合的な学習の時間」だけということになりかねない。

進学塾では、毎週、毎月、達成度テストを行って、クラスや座席の順番を入れ替える。そうやって競わせるのが塾のふつうのスタイルだ。

ある進学塾の場合、AからFまで成績順の六クラスがあり、Fがトップで A がビリになっている。

私たちの教室に、その塾に通っていた子どもがいたが、その子にAやB

というのはタブーである。あるとき、私がその子に「きみのノート指導はBだよ」といったら、いきなり元気をなくしてしまった。

その子は、Bというのは下から数えて二番目のクラスと思い込んでいて、ここに来てもBなのかとため息をついたのだった（私のいったBというのは、たんなるグループ分けに過ぎなかったのだが）。それほど成績が下がるのがストレスになっているのだ。

できないクラスになったら、もちろん自分自身がカッコ悪いし、ときには母親のビンタも待っている。

ストレスで萎縮するタイプは、不登校や引きこもりになったりするし、反対にいわば「逆ギレ」で、攻撃的になるタイプもある。攻撃的になるのは、母親が子どもに甘く、父親も父権喪失している家庭に多い。

子どもが家庭で王様に

母親が夫からの愛情を求められなくなれば、その自己愛のはけ口は子どもに向けられる。子どもが多少頭がよければ、過大な期待がかけられ、やがて家庭のなかで子どもが君臨することになる。

塾さえ通ってくれれば、上げ膳据え膳で、小遣いも与えほうだい。携帯電話も使いほうだい。子どもは増長するが、それでも子どもは満たされない。

家庭で居所がなく、威厳も何もない父親を見るのは、子どもにとって非常にいらだつ(ムカツク)。これが大人の姿、父親の姿、家庭の姿だと思えば、自分も早く自立して家庭をきずこうという気にはなれないだろう。

フロイトによれば、子どもというものは親の姿を無意識に取り入れて、「超自我」や「理想像」を形成するということだが、精神鑑定医の福島章氏によれば、いまの子どもは存在感の薄い父親などには目を向けず、その価値観や行動規範のモデルとなるのは、ビートたけしや明石家さんまなどの、大衆消費社会の英雄であり、それが心理的な「父親」になるというのである。

だが、なかにはそのようなもので代償できず、存在感の薄い父親にいらだちをつのらせ、憎悪が込み上げる一方という場合もある。それが暴力性を駆り立てる。

直接父親や母親に向かわなければ、そのストレスのはけ口は家庭外へ求められるだろう。それがイジメとなって表れるというわけだ。

際限のない利己化システム

私自身が大きな憤りを感じるのは、このイジメである。とくに集団での弱い者イジメだ。

受験ストレスをはじめ、家庭内の様々なストレスが大きな原因であり、そのはけ口として、イジメがよく利用される。これはけっして強い者には向かわない。

合理的にイジメができるように教室のなかから一番弱い者を見つけだし、その子だけを徹底的にいじめるのである。

たとえば、私たちの教室に通う子どももその被害者だった。その子が通っているのは都内の公立小学校で、国私立中学に進学する者が多く、地元の評判もいい。

ところが、ほとんどの子どもが、競争競争の塾通いで疲れている。彼女は身体的なハンディキャップがあり、その子だけをみんなして寄ってたかっていじめるのだという。

死ね、などという言葉は当たり前のように使われるらしい。

自分の立場が安全なら、ほかの子はどうなってもいい。そういう自分本位な考えを助長する危険性を、進学塾の点取り競争や合格至上主義ははらんでいる。

そもそもストレスで萎縮した心には、自分を守るのが精いっぱいで、他人の心の痛みなど想像する余裕はない。むしろ他人の不幸や苦しみが、自分をいやす薬となる。

自分がドジを踏むのを恐れている者は、誰かが先にドジを踏んでくれるとほっと安心するものだ。

このように、どんどん自分しか見えないようにさせていく際限のない利己化システムは、何も受験産業、教育界だけに働いているのではない。それを支えているのは、いまの社会に行き渡った効率至上の合理主義である。

それが進学塾システムにガソリンを供給しているのであり、また進学塾システムは、毎年加入してくる子どもたちに合理主義や自己中心主義を吹き込んでいく再生産システムとして働いている。

その結果、ストレスにさいなまれて心が満たされず、思考力もやる気も減退した青少年たちが生産されていくのである。これでは人のため、社会のために身を投ずるという献身的な精神など生まれようもない。それが次代をになう日本人だ。

デフレスパイラルは経済ばかりではない。進学塾の隆盛とともに、精神的な下降の渦にも巻き込まれているのである。

心が壊れた子どもたち、子ども化する大学生

精神科医の町沢静夫氏は、『心の壊れた子どもたち』（朝日出版社）のなかで、いまの子どもたちは小学校低学年のころからすでに、三つの能力低下が顕著に認められると指摘している。

その三つとは、「対人関係の能力」「感情をコントロールする力」「他人の気持ちを理解する『共感性』の能力」。

これは、社会に適応するための基本の能力だ。小学校低学年のころからというからには、この能力低下は、成長すればなくなるというものでもなく、その後もずっと引きずられていく。

つまり、いまの青少年たちは集団としての行動がとれないということであり、このままいくと学級崩壊のみならず、大学崩壊、会社崩壊にまでな

りかねない勢いだというのである。人事課の人はこう嘆くそうだ。

「いまの青年たちは、挨拶もできず、叱れば泣くか、翌日休むか、辞めるかだ」と。

じっさい、不登校や引きこもりが大学生にも増えている。かつて東大生がよくかかるといわれていた「五月病」というのはもう死語になった。五月だけの病ではなく、もはやフルシーズンの慢性病だというのである。

有名大学の学生相談室には、「友だちの作り方がわからない」「友だちはほしいけれど、人に話しかけるのは怖い」などといって相談にくる学生が跡をたたない。

しかし、そのくせ孤立を極度に恐れる。携帯電話で絶えずつながっていないと不安でしょうがない。

産経新聞には、工学院大学の学生相談室のカウンセラーのこんな言葉が載っていた。

「いまの子どもたちは核家族で、家庭で非常に大事に育てられる。だから外からの刺激に弱い傾向がある。その分、自己愛が過大になって、人の目が気になってくる。ゼミの発表で笑われたことが不登校にまで発展することもある。自己確立が未成熟。本当はそれまでに人とぶつかり合い、身につけていなければならないことを身につけていない」

中央大学の学生相談担当課の人も、「最近は、社会生活上の基本的なスキルすら身につけていない学生がいて、〝育ち直し〟を要求しなければならないケースが多い」といっている。

受験勉強以外のことは何もさせないで、ストレスとともに、家庭に君臨させてきたツケが回ってきたのである。

大砲を超える「子ども王様化計画」

これはみな、大人の責任である。日本ほど大人から威厳が失われた国はないだろう。

ノーといえないのは、アメリカや中国に対してだけではない。自分たちの子どもにもいえないのだ。

ODAで、お人よしで気前のいいばらまき国家と他国に笑われるのはいいとしても、自分たちの子どもに対してだけは、ノーはノーと、毅然と首を振らなければならない。大学生にもなって「育ち直し」が必要な学生が増えているなら、大学崩壊、会社崩壊に次いで、いずれお国の崩壊になってしまう。

敵対国を滅ぼそうとしたら、必要なのは大砲や麻薬ではない。長期戦をいとわなければ、愚民化作戦がうまいやり方となる。

教育をコントロールし、学習意欲を失わせ、学力低下させて、思考力を養わせないようにする。それを補強するためには、テレビやゲーム、スポーツなどの娯楽をうまく利用すればいい。

と、こんなことをいうと、どこかで聞いたような話だと思った人もいるだろう。ユダヤ陰謀史観には欠かせない、ユダヤ人の策謀といえばわかるだろうか。

『シオンの議定書』なる書物がある。一九〇五年に、セルゲイ・ニールスなるロシア人によって出版されたもので、大ベストセラーになった。そこにユダヤ人の世界支配謀略の方法論と目的が述べられている。

偽書だという説もあるが、本物か偽物かどうかはともかく、謀略としてはこれはなかなかうまくできている。

具体的な方法はどうするのかというと、まず自由平等・個人主義をすすめ、愛国心を消失させ、国家主権を弱体化する。さらに愚民化政策によって人心を荒廃させることなどが挙げられている。そのためにジャーナリズムを活用する。

愚民化政策の具体的な方法としては、３Ｓ政策ということで、スクリーン・セックス・スポーツの振興が掲げられている。いまなら、それにドラッグも格好の愚民化ツールとして数えられるだろう。

それが、ナチズムのユダヤ撲滅の動機の一つにもなったのだった。

愚民化政策は、大人から牙を抜く方法だが、同時に子どもをスポイルして、大人にさせないのが合理的な手だ。すなわち、「子ども王様化計画」である。

核家族化させ、父親から父権を喪失させ、母親を孤立させ、子どもに歪んだ愛と過剰な期待を注がせる。子どもは、進学塾に放りこませて、点取り競争のストレスを浴びさせ、家庭では上げ膳据え膳で甘やかす。

畜産では、肉牛もブタも生後間もなく去勢する。性質を穏やかにさせるのと、肉を柔らかくさせるためだ。

子ども王様化計画は、肉ではなく脳をふぬけにさせるのである。とても食えたものではない、スカスカで歯ごたえのない脳ミソの一丁あがりである。それで社会は確実に滅びる。

自分は幸せではないという日本の子どもたち

外国人はみな、日本の子どものリッチさに驚く。女子高生や女子大生がグッチやシャネルをもっている国など、どこにもない。

日本の親は子どもにせがまれれば何でも買い与える。「みんなもってる」

「私だけもっていない」というのが子どものおねだり戦術の定番だが、昔の親は毅然としてはねのけた。

そんなことをいおうものなら、親父のカンに触り「みんなもっているからっていって、どうしておまえももたなくちゃいけないんだ」と、ときにはゲンコツが飛んできた。それがかつての父親像だった。

ところが、いまではそこに「仲間外れになる」という言葉が入れば、親はコロッと参る。「だってみんなからシカトされるんだもん」といわれれば、イジメの怖さも知っているので、あわてて買ってやることになる。

いまの親は、塾通いで夜遅くなる小学生のためなら、携帯電話も積極的にもたせてやる。子どもにせがまれてズルズルと買い与えるよりは、むしろ親の意志で買い与えるほうがいい。

そのかわり、ダメだと思えば、絶対ダメだと意志を貫く。毅然とした態度を見せることで、子どもは〝筋〟というものを了解するようになる。

いけないのは、態度や意見がコロコロ変わることだ。コロコロ変われば、ルールにも筋にもならない。それが子どもを混乱させるし、親の威厳も奪うことになる。

しかも子どもにだだをこねられて、なし崩しにされるような甘い親からは、甘い子どもしか育たないのだ。子どもにとってはいささか理不尽だと思われても、筋を曲げないことが、人には人の譲れない価値観があることを気づかせることになる。

この筋の通り具合が、父親像として子どもの心に焼き付けられ、子どもの背骨に筋を通し、大人にさせることにもなるのだ。それが父親の価値である。

子ども王様度では超先進国の日本だが、それに反して、心は満たされていないのである。

ベネッセ教育研究所が、世界六カ国の小学五年生に「あなたは幸せですか」という質問をした結果、「とても幸せ」と答えた子どもの割合は、中国七五％、ニュージーランド四三％、アメリカ四〇％で、日本は最下位の二六％だった。

愚民化政策としては、物質的に恵まれて、能天気になるほうが成功なのかもしれない。しかし、子どもに将来の夢をもたせず、生きる意欲を奪うというのも、目的としては同じことだろう。

盛岡市の調査（一九九七年）によれば、「生まれなかったほうがよかったと思うことがありますか」との質問に、「よくある」「時々ある」と答えた子どもは、小学三年生で三四％、中学三年生で三八％にものぼっている。

合理性の檻

日本の戦後の復興と躍進は、ものづくりにおける生産性と品質管理の合理化によってもたらされた。この合理化は、企業の生命線だ。一円でも経費を削減して、いかに大量にものやサービスを提供するか。

とくにこの不景気には、それが企業の勝敗を決する。どの会社も、みな必死に合理化を目指している。

合理化は、ものの生産そのものにはいい。しかし、合理性というベルトコンベアに人間が巻き込まれたとき、チャップリンの『モダンタイムズ』で見たように、多くの悲喜劇が生まれるのである。

このベルトコンベアがいったん動き出すと、なかなかその上から抜け出せなくなる。すでにマックス・ウェーバー（1864～1920）はその危険性を「合理性の鉄の檻」と呼んでいる。

まず、ちょっとこの悲喜劇について、ジョージ・リッツァの『マクドナルド化する社会』（早稲田大学出版局）を参考にして見てみよう。リッツァはこの「合理性の鉄の檻」を、効率性、予測可能性、計算可能性、収益性の四つに集約した。

効率性とは、いかに早く空腹を満たすかということと、マニュアルによる効率的な作業を実現すること。

マクドナルドのカウンターに立てばすぐにわかるだろう。そこでは笑顔もマニュアル化されている。

予測可能性とは、マクドナルドの商品は世界中どこに行っても同じだということ。あの〝M〟のロゴを見た客は、「飛び抜けておいしくはないが、まずくてお金を損したとは思わないだろう」という安心感を得ることになる。

計算可能性とは、何でも定量化すること。ハンバーグにのせるタマネギもチーズも、一グラムや一ミリの誤差もないように規格化されている。

収益性とは、どちらが得かを金銭的に徹底的に考えること。

これはマクドナルドの話ではないが、たとえ車の設計にミスがあって、死亡事故が起きるとわかったとしても、それを修復する経費より、いずれ発生する客への損害賠償金のほうが安いとわかれば、欠陥は直されない。

これはある自動車会社で実際にあった有名な話だ。

生命には合理化にもほどがある

自動車会社の話は例外として、ものづくりにおけることなら、これらはまだ許される。経費削減のいじましい合理化は、どの会社もみなやっている。

問題はこれが生命にまで応用されていることである。

たとえば一番大きな問題は、農作物の遺伝子組み換え。あるいは、魚の養殖での成長促進剤や抗生物質の投与など。

前掲『マクドナルド化する社会』によると、チキンナゲットに姿を変えるニワトリは、「A４鶏」と呼ばれているように、一生をA４サイズの場所だけで暮らすそうである。哀れなニワトリさんと同情すれば、ニワトリは「あなたたち人間だってかわいそう」と言い返すだろう。

たとえば人間の出産では、産科医は休日出勤しなくてすむように、陣痛促進剤を与えて出産日をコントロールし、赤ちゃんが産道から早く出てくるように会陰《えいん》の切開をする。生まれた赤ちゃんがミルクが欲しくて泣いても、決まった時間が来なければ与えない。

病気になれば、患者は様々な検査で数字化される。診断はその数値を見るだけで、医者の目に患者自身は映らない。

手術になると、執刀医は手術するまで患者を見ないということもある。だから、患部を治して患者を死なせるという悲劇も生まれるのだ。

いちいち患者と心で向き合い、その愁訴を懇切丁寧に聞いて、患者一人に何十分も顔をつきあわせていたら、病院経営は成り立たないだろう。素早く病名をつけてテキパキとさばき、どんどん薬局に回すのが合理的診療だ。

もちろん、この合理主義の罠は教育にまで浸透している。近代教育の学校制度そのものが、教育化された小国民の大量生産という合理主義的発想から生まれたものだった。

教育の提供者は、知能指数で子どもをまず分類し、テストで学習到達度や子どもの能力を測る。

偏差値も、志望校合格可能性を数字として知るために、合理化を追求して生まれたものだ。大学受験のマークシートも、採点の合理化である。

合理化は生産者だけに必要とされるのではなく、消費者にとっての要求でもある。ハンバーガーは早く食べたいし、電車は一分の遅刻も許されない。

役所や銀行で長く待たされたら、なんて不合理だと悪態をつきたくもなる。いったん新幹線が走りだしたら、もはや在来線には乗れないし、携帯電話をもったら、もはやそれなしではいられない。

労力や時間のカットと、それによってどれだけの価値や利益が手に入るのかを数字で客観的に示してほしいというのは、社会の要求なのだ。

つまり、教育においても、生徒や親は自分たちを数字化して知りたいのである。テストがなくなって点数がなくなれば、困るのは教師より生徒や親なのだ。

そもそも、教育という社会的なシステム以前に、家庭の子育てにおいても、すでに十分に合理性が追求されているのである。～しなさい、～しなさいと、お母さんは毎日いっている。

「早くしなさい」「がんばりなさい」「しっかりしなさい」「みんなと同じに

しなさい」だ。つまり、こうなる。

「早くしなさい」　→「速度アップ」
「がんばりなさい」→「生産性向上」
「しっかりしなさい」→「管理強化」
「みんなと同じにしなさい」→「画一化」

考えてみれば、これはまったく、工業生産やマクドナルドと同じ掛け声である。

純粋培養ではひ弱に育つ

生命にとって、純粋培養は生命力を弱くする。雑菌があるほうが免疫力が養われるように、多少の障害や回り道があるほうが、ムダなように見えても、むしろタフな生命力を生むのである。

教育においても、教科学習だけを徹底してやるのが合理的かもしれない。ペーパーテストの正当率が高い頭にするにはそれがいいだろう。受験には、問題集をバンバンやるのがいい。

しかし、それでは心は育たない。脳は豊かな心をベースにして育つのであり、心は目的のない非生産的で不合理な〝遊び〟がよい栄養となるのである。

空調の効いた実験室だけで働くコンピューター的頭脳を生産するには、心のベースはいらないかもしれない。だが、実生活のうえでは、予測できない波風がつきものだ。

セールが破れ、マストが折れても臨機応変に乗り越えていく船乗りをつくるには、夾雑物《きょうざつぶつ》は欠かせないのだ。

「こころの塾」を主宰する境野勝悟氏は、『老荘思想に学ぶ人間学』（致知出版）でこういう話をされている。

境野氏は、以前に神奈川県のある有名私立進学校に勤務していた。中高一貫のいわゆるエリート校であり、授業は主に詰め込み主義。生徒たちはみな実によく勉強し、いい大学に入り、いい就職をする。

ところが、二七、八歳ころになると、どうもおかしくなる人間が目につくようになる。素直に、柔順に教師のいうことを聞いて東大を卒業し、就職して結婚したあたりから、急に活気がなくなって落伍していくのである。

会社でうまくいかないと、たちまちしょぼくれてしまう。係長になれなかった、課長になれなかったということで自殺した者もいた。外務省の四階から飛び降りて死んだエリート官僚もいた。

小さいときからずっとマルばかりもらってきた人間は、どこかでバツがくると、もう耐えられない。失敗に対する耐性ができていないのである。エリートは失敗に弱く、踏ん張りがきかない。

そのような、脳の上っ面の処理能力を高めるだけの詰め込み教育に疑問をもって、境野氏は「こころの塾」を開くことにしたのだ。

温室育ちだと、ちょっと寒い風にあたっただけでしおれてしまう。外は実験室のように一定の環境ではない。マニュアルにはない波風だらけ、アクシデントだらけだ。

エリートは逆境にも失敗にも弱い。たしかに、そういう脆弱なエリートでは、あくどい政治家や、外国のしたたかな外交官などと丁々発止と渡り合わなければならない、外務省のタフネゴシエイターなど務まらないだろう。

頭と同時に、ハラを鍛えなければならない。『声に出して読みたい日本語』(草思社)の著者の斎藤孝氏は、「頑張る」より「踏ん張る」の重視を説いている。

かつてよく使われていた身体的なイメージのある「踏ん張る」という言

葉が、いつのまにか頭だけで努力する、身体的イメージのともなわない「頑張る」に変わってきてしまったのだという。

ねじり鉢巻きで頭だけで頑張るのではなく、どしっと構えて踏ん張る力。頭でっかちでは、転んだらそれっきり。

七転び八起きができるのは、踏ん張れる足腰、ハラの力がものをいう。それは小さいうちから何度もつまずき、そこから立ち上がることの繰り返しで養われるのである。

しかし、心が弱ければ、起き上がるのも面倒になる。転がったままだと踏ん張る体力も養われない。腐らずに何度も起き上がろうとする意欲がなければ、基礎体力も身につかないのだ。

そのために親は、立ち上がって何度かトライすれば、必ずハードルは越えられるという闇雲な確信を子どもに与えてやるのである。そういう無条件に自分を信じる心を養うのが、教育の何よりもの務めである。

根拠のない信念が成功を生む

愚民化体制のなかで、いかに子どもを守るか。進学塾に行かなくても、この世には愚民化の刺激にあふれている。

幸せでないと思い、生まれなかったらよかったと思うことのある子どもがあれだけ多いというのは、普通ではない。悲観的な気持ちにさせる情報に毒されていると考えざるをえないのである。

悲観的傾向の心というものは、将来の充実した人生を無意識のうちに阻むことになる。そういう子どもが増えれば、社会全体の活力も失われていくのである。

人が幸せでありたい、成功したいと願うのは、人間としてごく自然の欲望だ。それを阻もうというマイナス情報が社会にはびこっているのだとすると、社会に生きるかぎり、もはやのほほんとしてはいられない。

こちらもそれをしっかり認識して、意志的に対抗していかなければマイナス勢力のなすがままになってしまう。

頭の性能をよくしようという前に、何よりも大人がやるべきことは、無条件に自分の可能性と成功を信じる力を子どもに植え込むことだ。子どもにはみな、もともとその力があったのである。

子どもの夢想は確信と同じだ。たとえ幼い夢でも、いや稚気にあふれていればいるほど、実現化する力をもっている。それがしだいに常識のなかで、「どうせやってもムダ」という考えに支配されていくようになる。

世の成功者は、子どもの夢想力を失わなかった人間だといっていい。

だから、大人はとにかく「おまえは必ずできる」という言葉をかけ、信念こそが成功を生む原動力だと教え込むのだ。それだけは「詰め込み教育」

でいい。それが、愚民化社会への大きな対抗策となるのである。

努力できるのも才能という言葉がある。努力は大事だが、努力をさせ続けるのは夢であり、必ず現実化できるという信念にほかならない。べつに根拠などなくてもいいのだ。

「いや、自信は自信によって作られるのではない。体験の積み重ねによって形成されるものだ」というのが、常識ではあろう。しかし、何でも最初の一歩を踏み出させるのは自信なのだ。

巣立ちを迎えた幼鳥が高い木の上の巣から飛びたつのは、体験があるからではない。飛べると思うから飛べるのである。高橋是清はこう語っている。

「私は、子どものときから、自分は幸福者だ、並はずれて運のいい者だと深く思い込んでおった。それでどんなに失敗をしても、窮地に陥っても、自分にはいつかよい運が転換してくるものだと、一心になって努力した。いまになって思えば、私の成功の原因はほとんど、私のこの思い込みの結果である」

親が子どもを愛するのは、条件なし、掛け値なしだ。自分と似ているから、かけっこが速いから、何々ができるからなどと、条件つきで愛するのではない。

成功も、そういう親の子に対する愛情のような、無条件の信念から生まれるのである。

無条件の愛情を注がれた子どもは、本来ならば、無条件に自尊心を築き、自らを信ずる力も形成されるはずなのだ。

ところが、現実はどうかというと、なかなかそうはならない。親の愛情の産着《うぶぎ》の隙間から、やはり冷たい風が侵入してくるからである。

自信を生み出す母であるべき母親自体が、そのマイナス情報の発信者にもなるのである。いずれ母親は、朝から晩まで、「何々しなさい、何々しなさい」と子どもをせきたて、「あれやっちゃダメ、これやっちゃダメ」と制限し始め、さらには「どうせできっこないんだから」などという言葉も口から出るようになるだろう。

そういう言葉と感情のシャワーを浴びれば、自分は速くできないし、しっかりできないし、どうせだめなんだという、〝できない意識〟が潜在意識に染み込んでしまうのである。

偉人伝学者によれば、偉人には二つの共通点があるという。一つは、「読書家である」こと。もう一つは、「プラスの暗示を幼少期から与えられており、いつしか自信のある子に育っている」ということだ。

お金もかからないこの〝黄金律〟を、親が利用しない手はないのである。

第4章

そこで私たちからの提案
——新学習システム「MEP（メップ）」

こちらにも戦力がある

とにかく、無条件に自分を信じ込む力を養えというのは、子どもを守るための、親として心掛けねばならない最低の防衛線である。その防衛ラインを破って、さらに侵略してこようという敵方には、それを凌駕するだけの戦力がなければいけない。

私たちは、相手方の戦力……いや、進学塾で詰め込まれる、中学受験に特化された学習システムをはるかに超える学習システムをもっている。

それは、受験が終わったらもう役立たないといった、使い捨てにならない思考力を養うものであり、同時にまた、通常の半分以下の学習量で十分に中学受験に対応できる。そういうオールラウンドなシステムとして開発されたのだ。

過度の塾通いを始めればダメになる？

HEGL立川校を卒業し、ハードな塾通いを始めた子どもたちに久しぶりに会うと、彼らの活気が失われ、暗い表情になっていることに驚かされる。それが一人ではない。ほとんどの子たちがそうなのだ。

そんな彼らを見ていて思ったのだが、遊びもしないで勉強ばっかりしているからこんなふうになったのだとは単純に考えられないような気がした。

何かがおかしいと思った。五年以上も、小さいときから膝を付き合わせながらがんばった者どうしが感じる、あるいは親にも似た直感ともいうべきものであった。HEGL立川校に通っていたときに見せていた、子どもたちのあの生き生きとした表情はどこに行ったのか。私たちが想像したのは、次の二点だった。

一、その子たちは、彼らがもっていたレベルの高い知的好奇心が満たされていないのではないか。

二、心が成長できる環境に恵まれていないのではないか。

そのころから私たちは、進学塾とりわけ中学受験のもろもろの指導に疑問をもつようになり、いろいろ調べていくうちに、子どもたちは私たちが考えている以上に、ひどい環境に置かれていることがわかったのである。

だから、何とかして理想に近い中学受験ができる環境を整えてやる必要があると思い始めたのだった。

学習環境の改善は、何も中学受験だけの話ではない。公立小学校の学習内容は非常にレベルが低く、六～一二歳のその時期、どんどん鍛えていけるはずの脳を無駄に遊ばせているということも頭にあった。

受験するしないにかかわらず、中学以降の勉強においても十分に対応できるように、基礎学力はもとより、もっとハイレベルな学習がきちんと身につけられるように、学習環境を整えてやることが必要だと考えた。

小学生を人生の素地を築く重要な時期としてとらえる

新しい学習システムを開発するうえで、まず私たちは以下の問題意識をもった。
①小学生らしい生活がキープできること。夜更かし型の生活や、慢性的な

睡眠不足を強いる生活は、体を育まなければならない小学生にとっては、当然よくない。

②本当に毎日深夜まで勉強しなければ合格できないのか。その半分以下の時間でも志望校に合格することはできないのか。

③子どもが進んで勉強をしないからといって、無理やりたたき込むようなやり方をしたり、頻繁にテストを行い、競争心をあおって勉強をやらせることは歪んでいる。それによって、本来あるべき好奇心から発する真の向学心が損なわれる。

算数などは、思考力を養成するのにもっとも適した教科であるが、それがたんに得点を要求されることによって、解法の暗記に終始するということになっていないか。

④せっかく勉強するのだから、将来に役立つ勉強として中学受験をとらえなおすことはできないか。たとえば国語であれば、そこから人間学を教

えたり、理科であれば、子どもたちに実験をさせることによって科学する目を養わせるとか。

⑤せっかく開発した潜在脳を活用して、効率的に受験を乗り越え、自分の好きなことも犠牲にせずに、余裕をもって合格させることはできないか。さらに、中、高、大、成人になっても、開かれた脳を活用できるようにすることはできないか。

これらの発想をもって開発が試みられた。

塾経営の観点ではなく、小学生を人生における素地を築く重要な時期としてとらえる。つまり、小学生の立場になって中学受験をとらえ直そうということである。

営利主義ではなく子ども中心に考える

経営者からいえば、週一回の塾を作るよりも週三回のほうが売り上げも上がるから、できるだけ通塾の回数を増やそうとする。時間も長ければ長いほどいい。

季節講習にしても、学校が休みのところにどんどん講座を作れば、それだけまた売り上げが上がる。ＧＷ特訓、お盆特訓、正月特訓など、いくらでもできる。

通塾日数を多くすれば、出資者である父母も喜ぶので一石二鳥。

それに対して、子どものほうはどう考えるかというと、できるだけ塾に行く回数も時間も短くしたい。少しは家でボケッとしていたいし、趣味の時間もほしい。やはり、まだ子どもだ。

こういう発想のもとに検討していくと、本当に進学塾がいうほどの勉強量や時間が必要なのかと、真剣に問いかけてみたくなってきたのである。

塾のビジネス的発想がそれだけの勉強量を必要とさせたのかもしれないではないか。需要は企業が生み出すものだ。

そこで、超一流と認められている、中学受験の心あるエキスパートの方々にお会いしていろいろ伺ってみると、やはり塾の商業主義がこのようなニーズを作り出したのは事実であり、講師にもっと力量があり、もっとすばらしい教材やカリキュラムがあれば、進学塾とはまったく違う画期的な指導法で、受験をクリアーさせることができるということがわかったのである。

つまり、前述の①～⑤の発想を現実化するための、一流の教材やカリキュラムを作ることは不可能ではなかったのだ。

ＭＥＰ誕生

私たちは、一流の講師陣の知恵を借りて、教材、カリキュラムを考案し、理想の教育システムを開発した。それは、「もっとも効率的な小学生のための中学受験システム」と名づけられた。

ＭＥＰとは、この「もっとも効率的な小学生のための中学受験システム（Most Effective Primary Course）」の三つの頭文字をとったもの。

このＭＥＰに基づいて、中学受験合格を確実にするのはもちろん、深い洞察力や思考力を備えた、人間力あふれた世界規格の人間（国際人）を育成する。それが私たちの目的である。

ＭＥＰは小学生だけにとどまらない。中学生にはシニアＭＥＰコースが用意され、起業家育成プログラムや、人間学、高度な理科実験や税務会計の知識、アメリカの大学で広く取り入れられている気学、易学まで教えることになっている。

つまり、これからの日本や世界を支える人材（財）、リーダーとして自立し成長してもらうことが何よりの目標である。たかが中学受験ごときで、子どもたちの大きな可能性の芽を摘んではならないのだ。

ＭＥＰのお膳立てをするＰｒｅ―ＭＥＰ

ＭＥＰに入るには、どうしても小三以上の学力が必要である。そのため、小学校の低学年のうちからＭＥＰのような教育は受けられないのか、という要望に応えて登場したのがＰｒｅ―ＭＥＰである。

このＰｒｅ―ＭＥＰは、小学校一年生から受講することができ、「理科実験、スーパー実感算数、ジュニア人間学」というプログラムからなっている。

とくに、スーパー実感算数は、算数の学年別に区切られたカリキュラムから、その区切りをなくし、一つ一つの単元をテーマごとに分け、体系的に指導していこうというものである。それも、子どもたちが一つ一つ実体験をしながら進める授業なので、大変楽しく進む。

授業が終わったときなど、子どもの顔が真っ赤になるくらい楽しく、高揚するのである。そしてやる気満々で帰っていく。

また、ジュニア人間学では、みんなでぞうきん絞りをしたり、実際に掃除をさせたりして、掃除の大切さを学んだり、きちんと挨拶することを何度もさせたりする。四書五経を大声で素読させ、暗唱させたりもする。

つまり、体を通して人間学の基礎を学ばせるというのが主眼である。

第5章

親の側にもあるこれだけの問題点

進学塾の空気にさらされると切れる頭が錆びついてしまう

二〇年以上にわたって、私たちが主要教科を教えてきた経験からいえることは、いま子どもたちのほとんどが行っている学習（とくに中学受験）は、たんに答えが出せればよいという技術（スキル）の習得に終始していて、ほとんどの進学塾や学習塾が、その技術を一種の根性論をもとに指導している、ということである。

長時間の勉強に耐えられる忍耐力を鍛え、多くの問題を短時間にこなせる力を養わせるわけだ。

それだけならまだ許されるとしても、そこには悪質な意図のもとに、無闇で無意味な競争が強いられている。競争原理が成績の向上をもたらすということで、子どもたちのためということにはなっている。

だが、結局それは受験産業として、塾の価値を上げることになるうまい仕組みになっているのだった。

その仕組みのなかでは、子どもは毎年供給される消耗品に過ぎず、そのストレスで子どもが壊れても、塾には一切アフターケアの義務などないのである。だから、いくらでもやりたい放題できるのだ。

しかも、教育という善意の名のもとに。

このような、ブロイラー工場的な指導を受けていると、子どもの能力は上がることもあるが、下がったり失われたりすることもある。この下がったり失われたりする能力の一つが、私たちが頭の〝切れ〟と呼んでいるものである。

たとえばＭＥＰ教育を受けた子どもの場合、基本的に頭の切れがいい。

脳の神経回路が、スパッ、スパッと閃《ひらめ》くような感じといえばいいか。

切れがいい頭は、たんに公式を当てはめて解くという作業だとか、同じようなパターンの問題を何度も解かなければならないというような単純作業に対しては向かない。それでは子どもの興味が薄れてしまうのだ。

能力の高い子どもにおいては、自分が背伸びしてそれに届くか届かないかの適度な緊張感が必要であり、その緊張感が持続できないような環境を与えると、それに対応する能力は必要のないものとして引っ込んでしまうのである。

せっかくできた神経回路がしぼんでしまう。

よくこういう話を聞く。「この子は、簡単な問題を間違えて、みんなができないような難しい問題が解ける」と。HEGL立川校の子どもたちに特有な現象だ。これは、まさに頭の切れがいい状態である。

しかし、そのような頭も、つまらない問題を解くことばかりを繰り返していると、次第にその切れがなくなり、ついには簡単な問題だけができて、難しい問題ができなくなるという、当たり前のつまらない結果になってしまう。

何も、基本的な問題などできなくていいといっているわけではない。基本的な問題は絶対できなくてはならないし、そのための演習も必要である。しかし、そのような演習に明け暮れていて、一番肝心な難問を処理する能力が失われてしまっては、元も子もないといいたいのだ。

ＨＥＧＬ立川校を卒業して塾通いを始めた子どもたちが冴えない顔をしていたのは、まさにこの切れがなくなっていた顔だったのだろう。だから、教材や指導は、子どもの挑戦的な気持ちを大切にしたものでなければならないということだ。

一〇歳ころの没頭が心の土台を作る

小学生というのは、非常に特殊な時期である。その特徴は大きく分けて二つある。

一つは、とてもストレスがない時期であるということ。つまり、人の一生のなかで、一番死亡率が低い（とくに高学年）。

まず、どうやって食べたらいいかという生活の心配がない。家にどれだけお金があるか心配する子どもはまずいない。

性的発達を迎える前であるから、異性への狂おしい悩みもなく、まだ自我に目覚める年齢でもないので、アイデンティティーを探し求めるということもない。だから、相手を受け入れることが比較的容易で、父親や母親が、強くこうしろといえば、それに従ってしまう。

二つ目は、大人と幼児が同居しているということ。あるときはとても大人びた言い方をし、周囲をハッとさせるような言動をすることもあるが、そんなことがあった直後にこの子は幼稚園生かと思うような態度をとる。

予測のつかない行動に振り回されることもある。

自分の好きなことに没頭できるのもこの時期である。とくに黄金の日々と思うのは、この夢中になれる力だ。

大人になれば、夢中になどそうそうなれるものではない。やりたいことは何時までも、食事も忘れて没頭する。

黄金の日々をすっかり忘れてしまった親は、こういってそのエネルギーを惜しむだろう。「それを勉強に少しでも向けてくれればねえ……」と。

何かに没頭する時間というものは、けっして無駄ではない。むしろ、積極的に好きなことに没頭したという経験をもたせることだ。

人生において一番屈託なく、一番楽しい時期の一つのこの時期に、いかに我を忘れて充実した時間を過ごせるか。それは、今後のその子の人生において、大きな影響を及ぼす。これをよく知らなければならない。

たとえば、精神的な病気に悩まされる患者に退行催眠をかけ、「あなたの人生のなかでもっとも楽しかったころに戻ってください」というと、ほとんどの人が一〇歳くらいの子どもに戻るという。

一〇歳といえば、小三、小四の時期。つまり、無心に自分の好きなことに没頭できたという充実した時期に戻ることによって、安定した心のより所が得られるのである。心のなかの、人それぞれの安息地だ。

その故郷を意識下に抱いていることで、人は癒され、うまく生きられるのである。その時期に強制的に勉強させられ、いやな体験ばかりさせられていたら、その子はいったいどこに癒しの地を求めればいいのか。

東大に入学して困るワースト・テンの高校

この時期はまた、安息地であるとともに、将来に創造的なエネルギーを供給する発電所を心に設置する大事な時期でもある。

成功を収めた人の多くは、「少年のような心をもっている」とよくいわれる。成功の可能性を計算してから取り掛かるのではなく、打算なども考えず、とにかく無邪気に自分の夢を追い求める。

大きな創造には、やはりそういう大きな〝夢中力〟が必要だ。その能力の地盤は、子どものとき、何かに没頭したときに形成された脳の神経回路にこそあるのである。

だから、子どものころあまり勉強はしなくても、何でもいいから思いっきり熱中して過ごした時間があるなら、将来に有益な神経回路の基地を作ることになる。それは目的達成のための、集中力や粘り強さを生み出す頑丈な土台となるのだ。

ソニーの名誉会長の大賀典雄氏は、こういうことをいっている。

「何と言っても入学試験が悪い。一番大事な年頃に塾に通わされ、文化的なものに触れる機会がない。子どもの才能がいびつになっている。教育というのは、一人一人の一生にとって血となり身となるべきものでなければならないが、受験勉強で覚えたことなど、試験が終わればすぐ忘れてしまう。これは教育でも何でもない」

近年、中高一貫教育の私立や国立の学校に入れることがブームとなっているが、東大では、いわゆる有名受験校から入学した学生が伸びなくて困っている。

とうとう一部の先生が、「自分の頭では考えられない。表現力もない。大学院に行っても、ものにならない。就職しても評判が悪い」という学生を送ってくる学校を、悪いほうから順番をつけて、「東大に入学して困るワースト・テンの高校」リストとして公表したそうである。進学塾にとっては、何ともバツの悪い話である。

また、こんな話もある。男子御三家のK中学からK高校に内部進学する場合、基本的に全員あがれるのだが、二〇〇二年、あまりにも悪い成績だったり、やる気がまったく見られないなどの理由で進学不可の烙印を押された生徒が一二名いた。

そのうちの九名が、首都圏で屈指のK中学合格者数を誇る有名進学塾の生徒たちだった。燃え尽き症候群のいい例である。

第一志望校に受かっても

たとえ第一志望校に受かっても、ハッピーとはいえないケースもある。受験の動機がどこにあったかで問題が起きることがあるのだ。

私立中学の進学校に受かりながら、中学二年のときに登校拒否になった子どもがいる。地方から親と一緒に講習を受講しに来た子だった。

もともと本人は、友だちがたくさんいるということで、地元の公立中学に行きたかった。しかし、親がその子の将来を考えてということで、私立中に入るように説得したのだった。

中二になったとき、かぜで学校を休んだことがきっかけで、次第に学校へ行かなくなった。勉強も遅れがちになり、学校へ行っても授業内容がわからないからまた休むという悪循環。

家では親に暴力をふるうようになり、結局、中三でその学校を退学。公立中学に入ったものの、すぐにまた不登校になり、高校は県立の最低ランクの工業高校にかろうじて進学するという有り様。

こうなるともう手がつけられないので、時間をかけてゆっくりこの子と立ち向かうよりほかない。

進路指導の名のもとに

いや……、子どもが行きたくないのに、母親に強制されて塾に行かされ、進学校に入ったというのはまだいいほうかもしれない。

塾は進路指導の名のもとに、子どもの意向や適性などまるで無視して、塾側の打算で志望校をどんどん変えさせる。それが日常的に行われている。

これだけは許されるものではない。ビジネスだと言えども、やっていいことと悪いことがある。

ついでにもう少しいっておく。下手な鉄砲数撃ちゃ当たるで、難関校を無理に受けさせたり、合格実績を増やしたいためだけに、本人の希望を強引に変えさせるのだ。

「君は○○校のほうが向いてるんじゃないか。もう少し頑張ったら入れるぞ」などといって。でも本当は「向いている」という根拠など何もないのである。

どう頑張っても、一〇〇人に一人のまぐれでしか入れない成績だ。

ただ、中学受験はそういうまぐれもたまにはある。数撃ちゃ当たるというのは事実なのだ。その子は、親切な進路指導のおかげで、母親も張り切り、夜中の一二時まで勉強していたのを、夜中の一時半まで延長することになるだろう。

中学受験は小学校はコミットしないので、塾の先生の意見が絶対になる。それを利用して恥じない。

その異常さに気づいていながら、立場上やむなく、というのではなく、自分たちのしている異常さに気づかないのだ。あるいは開き直っているか。

彼らもまた、子ども時代の点取り競争を通して、愚民化の毒をたっぷりと食らって生まれてきた、進学塾システムの申し子たちなのだった。

いうまでもなく、第一志望校に落ちた子はハナから悲惨だ。偏差値こそ唯一の価値という生活をしているものだから、自分が目指した学校よりも偏差値の低い学校にしか行けなかったというのは、何よりも自分のプライドが許さない。

塾仲間に合わせる顔もなく、愛校心などもちようもない。屈辱と敗北感に打ちひしがれて、ついには無気力状態になってしまう。

受験期という親も子も特殊な緊張の時期に入ると、どうしても子どもの心が見えなくなる。そうなると最悪の結果を招くこともある。

ここで気をつけなければならないのは、その結果と清算は、中学生以降の時期になるということだ。心の病は、潜伏期間が長い。下手をすれば大学、会社に入ってからということもある。

不登校は小学生三万人、中学生一一万人、引きこもり人口は五〇万人とも、一〇〇万人ともいわれている。

エジソンはADHDだった?

親はたいてい、勉強をよくし、成績の良い子には「良い子」、それに反し、ろくすっぽ勉強もせず成績の良くない子には「悪い子」というレッテルを貼ってしまう。

ところが、世のなかの偉人と言われている人は、後者であることが少なくない。アルバート・アインシュタイン、ガリレオ、モーツァルト、ライト兄弟、レオナルド・ダ・ビンチ、ウォルト・ディズニー、ジョン・レノン、ヘンリー・フォード、ネルソン・ロックフェラー、ジョン・Ｆ・ケネディ、ルノアール、トーマス・エジソン、坂本龍馬……などは、ＡＤＨＤだったのではないかと言われている。（参考・『ひらめきすぎる人々』ロクスケ著、ＶＯＩＣＥ刊）

ＡＤＨＤとは、Attention Deficit Hyperactivity Disorder（注意欠如多動性障害）の頭文字で、不注意、衝動的、落ち着きがないという三つの主な症状をもつ子どものことをいう。

こうした成功した人々の幼少期から少年期は、相当大変なものだったろうという予測がつく。優等生であったという状況にはほど遠い。しかし、このような型にはまらない人たちが、異彩を放ってくれるお陰で、この世は成り立っているのだ。先日ノーベル賞を受賞した田中耕一氏にしても、自分の好きなことに熱中することが一番大切だと言っているし、青色ＬＥＤを開発した中村修二氏も同じようなことを言っている。

最近、大学を卒業し、フリーターになる若者が増えているが、少年や青年時代に好きなことに熱中できなかった経験しかもたない人間は、いつでも不完全燃焼しかできない。強制されないと行動を起こせないから、大学に入り一切の強制がなくなると、勉強はおろか、何事にも熱中できなくなるのである。

興味というのは、深耕法《しんこうほう》によって培われる。つまり、とことん掘り下げていくことによって、これ以上掘れないというところまでたどり着いたところで、はじめて次の興味に移っていけるのだ（図表４参照）。

ところが、最後まで掘り尽くさないうちに「あなた、そんなことはいい

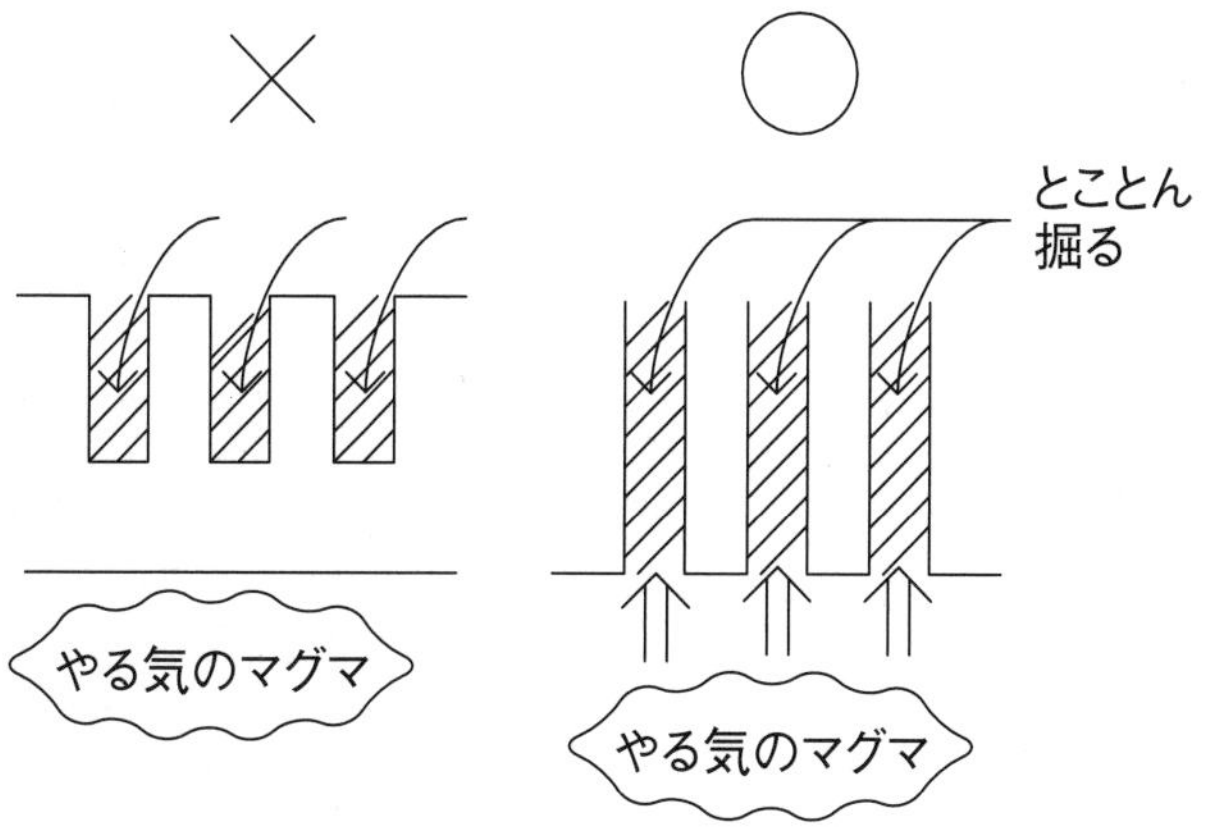

図表4

から勉強しなさい」と言われ、途中で掘るのをやめさせられる経験ばかりすると、いっこうにやる気のマグマにぶち当たることはない。そのうちに、「自分は何をやったらいいのかわからない」と言い出すのだ。それは、好きなことをやり遂げたという達成感を得たことがないからである。

電気ショックを与え続けられた犬は、たとえそのショックから逃げられる環境においてあげても、一切逃げることはしない。逃げる可能性自体を脳が拒否してしまうからだ。

親のひとり相撲はやめよう

多くの非行少年が重大な事件を起こした後によく言う言葉がある。それが「僕は、親とゆっくり本当の話がしたかった」である。親と子が日常、会話を交わしているにもかかわらず、子どもはこのようなことを言う。

つまり、親のほうでは子どもと会話をしているつもりであるが、心が触れるような真の会話は成立していないことが多いのだ。

子どもが「ぼくつらいんだよ」と青いボールを親に投げかけているのに、親は「それは、あんたが要領悪いからじゃないの。そんなことはいいから勉強しなさい」と赤いボールを返すのだ。このような会話の不成立が続くと、親と子どもの心の距離は次第に遠くなっていき、お互いがまったく見えないところまできてしまうのだ。

小学生の子どもにとって受験は大きな問題の一つであるが、それ以上に解決しなければならない問題を数多く抱えている。それが親には見えない。だから、親は勝手に土俵をひき、子どもという相手がいないにもかかわらず、ひとり相撲をとり、なぜ子どもは土俵に上がってこないのかと毎日腹を立てているのである。

この時期には心の会話を十分にすることが大事である。心の確固たる絆を作り上げるのだ。子どもは、まだまだ親に自分の気持ちをわかってほしいのだ。

忠告を受けたいからではなく、とにかく聞いてほしいのだ。共感してほしいのだ。そして、責めるのではなく、「そうだよね、その気持ちわかるよ」とだけ言ってほしいのだ。

ところが、たいていの親は子どもが訴えてきたことに対して、何かコメントをしようとする。それはまるで、何か批評めいたことを言わないと価値がないと思われるのではないかと恐れている評論家のように――。

しかし、家族のなかに評論家は必要ないのだ。

レバノンの詩人で哲学者・画家でもあるジブランは、親の子どもに対する見方について、次のようなことを書いている。

あなたの子はあなたの子ではありません。

自らを保つこと、それが生命の願望。そこから生まれた息子や娘、それがあなたの子なのです。

あなたを通ってやってきますが、あなたからではなく、あなたと一緒にいますが、それでいてあなたのものではないのです。

子どもに愛を注ぐがよい。でも考えは別です。

子どもには子どもの考えがあるからです。

あなたの家に子どもの体を住まわせるがよい。でもその魂は別です。

子どもの魂は明日の家に住んでいて、あなたは夢のなかにでも、そこには立ち入れないのです。

子どものようになろうと努めるがよい。でも、子どもをあなたのようにしようとしてはいけません。

なぜなら、生命は後へは戻らず、昨日と一緒にとどまってもいません。

あなたは弓です。その弓から、子は生きた矢となって放たれていきます。射手は無窮の道程にある的を見ながら、力強くあなたを引き絞るのです。かれの矢が速く遠くに飛んでいくために。

（京都新聞より抜粋引用）

中学二年生になった子が次のようなことを話してくれたことをいまでも思い出す。

それは暑い夏の日。悪い仲間たちからの誘いがあり、ふだんは断っていたが、今日ばかりは断り切れずにその仲間たちがたむろする家に自転車をこぎこぎ行こうとした。ところが、途中で突然母親の声が聞こえたという。

「あなたをいつも信じているからね……」。

当然、その場に母親がいたわけではない。しかし彼の心の耳にはそう聞こえたのだ。その瞬間、彼は立ち止まり、自転車を一八〇度反転し、家に戻ったというのである。

子どもの笑顔がバロメーター

教育、とくに早期教育や受験教育は、けっして親の見栄や自己満足のために取り組んではならない。そうすれば必ずなんらかの悲劇に見舞われることになる。子どもは虚栄心を満たすブランド品ではないのだ。

たいていの親は、教育というとすぐに文字や数を教えるという「知育」を連想する。ところが、図表5にもあるように、それはピラミッドの最上位の部分にある。ピラミッドを造るのに、一番上から造る人がいるだろうか。当然、下位の部分をきちんと造り上げてからということになる。

知育に取り組む前に、まず子どもに惜しみなく愛情を注ぐこと。それも代償を求めない愛だ。けっして、いくら投資したからこれぐらいの結果が出て当然だろう、などと考えてはいけない。その第一歩はスキンシップである。とにかく愛情を込めて抱っこしてあげること。

それがサルの時代からの根源的な育児行為だ。これが損なわれると、サルでもうまく育たない。愛情のこもった抱っこは子どもの脳の大脳辺縁系の肥やしになって、タフな脳のベースを作るのである。

「抱っこ法」なるものがあるが、潜在意識に溜まっているトラウマを取り除くには、大人になっても抱っこが必要な場合がある。本当に抱っこが必要なのは親のほうかもしれない。

子どもが少し大きくなれば、そこへ「認めてあげる言葉がけ」を行うこと。「○○ちゃん、きっとできるようになるから大丈夫よ」とまずは安心感を与えることである。たいていの親は、反対に「何でできないの」と問いつめることが多いが、それではいけない。

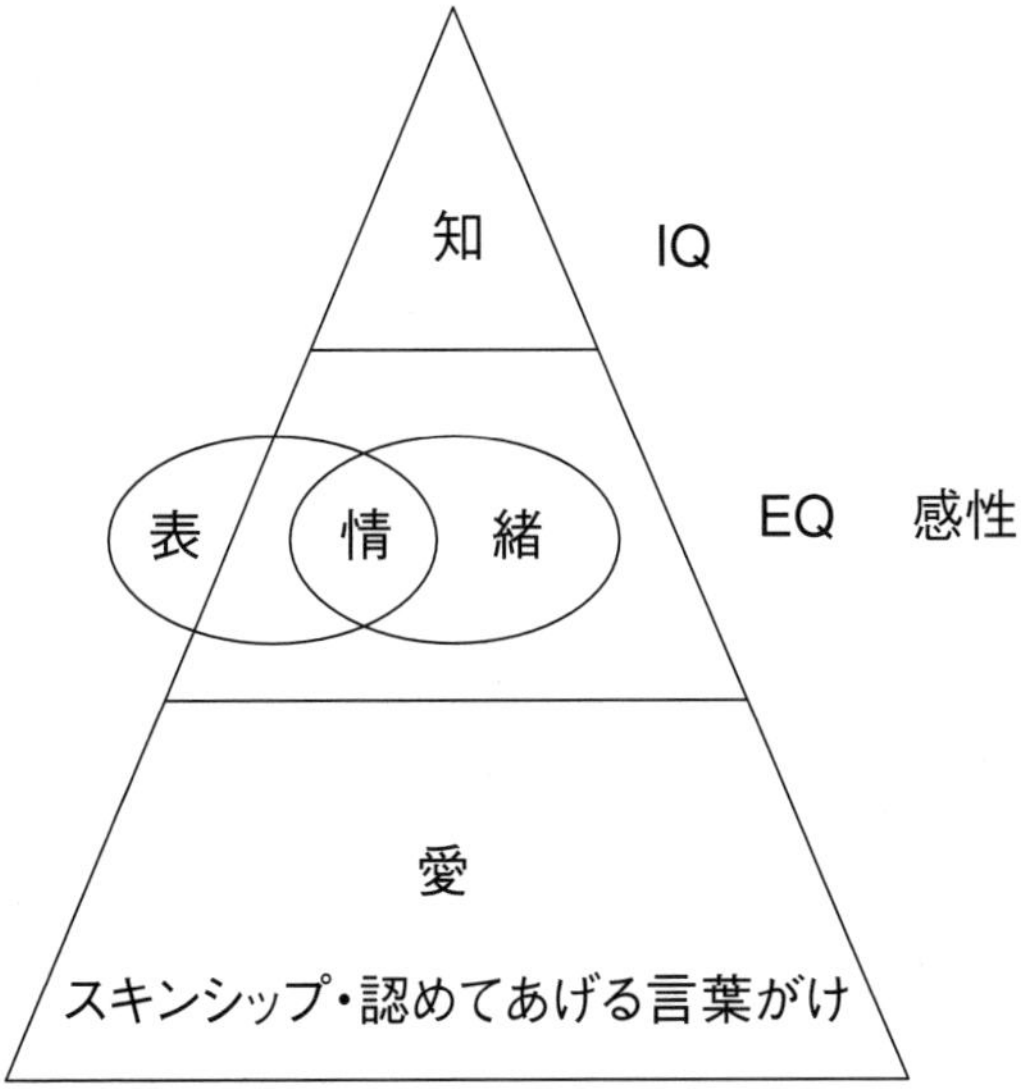
知
IQ
表
情
緒
EQ　感性
愛
スキンシップ・認めてあげる言葉がけ
図表5

そうやって子どもが愛情に満たされると、そこに「笑顔」という最高の表情が生まれてくる。子どもであれば誰もが笑うわけではない。この「笑顔」は、後天的に身につける能力なのだ。赤ちゃんのときに、お母さんがにっこり微笑むと、それに反応して赤ちゃんも笑う。その繰り返しが、「笑う」という能力として定着する。うつの傾向を示す母親に育てられた子は、なかなか笑わない。

この笑うというのは、相手に心を開くという点でもっとも大切な能力である。この能力が、やがて学習する能力に結びついてくる。学習をし、様々なことを記憶し、考えるというのは、心がオープンな状態でないとできないからだ。

その力は、やがて豊かな情緒を育む。そして感性をも養う。いまは、IQよりもEQ（後述）の時代と言われているが、まさに、このEQの土壌がここで作られることになる。

これらの能力が整えられた段階で、はじめて知育を育てることになる。この順番は、けっして間違えてはならない。この順序を乱すと、子どもは必ず問題行動を起こすようになるものだ。

第6章

「良い頭」は「良い食事」から生まれる

晩ごはんはハンバーガー

ところで、高校受験ともなれば、子どもはもう自我もできているし、自分なりの判断力もできているので、簡単には母親のいうなりにはならない。なったとしても、自分が譲って親の顔をたててやるかといったように、曲げられた自尊心をうまく合理化する余裕もできてくる。

ところが、小学生はまだ心も体も未熟なので、本当はどんなにいやだと投げ出したくても、母親からなだめられ、すかされ、ときには怒鳴られ、殴られたりして、いやだと泣き叫びたいのをなんとかこらえて母親のいうなりになってしまうところがある。

泣きたいけれども、泣くのはカッコ悪いとがまんぐらいはできる年頃なので、涙は流さないものの、心で泣いている。

母親にとっても、まだ脅しでも、体力的にもコントロールできるということで、「私立なんて行きたくない。塾なんて行きたくない」と抵抗するわが子に、「我がままいうんじゃないの」といって責めたてたりしてしまう。が、いったいどっちが我がままなのか。しまいには「いい大学出てないから、お父さんはあんなに苦労してるんじゃないの。あんたにだけは苦労はかけたくないのよ」などといいだしたりもする。

「おまえのためを思っていってるのよ。大人になったら、きっとあのときママのいうことを聞いててよかったって感謝するんだから」なんていって、本当は誰のためなのか。

進学塾で成績表を見ないでも、子どもたちの様子を眺めるだけで、成績がいいか悪いかを見分けられる方法がある。晩ごはんの時間になって（塾で夕食をとるわけだ）、机の上に母親による手作りの弁当箱を広げるのはまず成績のいいグループで、反対にコンビニに走るのは成績の劣るグループになる。そう見てまず間違いない。

ある塾の前にハンバーガーショップがある。子どもたちは塾のビルに入る前に、ハンバーガーショップで晩ごはんの予約をしていく。時間が来たら塾までデリバリーしてくれる。

本当によくできたシステムだと、返す返すも感心する。チキンバーガーの「A4鶏」さえ哀れんで、目頭を羽で被っている。

夜、コンビニの前に座って、ぼんやりと独りでパンをかじっている子どもがいる。子どもたちのあいだで、食事を独りでする「孤食」が増えているという。それが子どもの心を歪めるともいわれている。

一家団欒の食事で子どもは育つ。体だけではなく、その団欒が心の栄養となるのだ。

大人でも独りで食事をするのは侘《わび》しいものだ。その侘しさを子どもが味わっている。

「あなたのためなのよ」といいながら、弁当を作る暇を惜しんで、自分は新装の丸ビルで食事を楽しんでいる。げんに、そういう母親がたくさんいるのである。

亡国のイージーママだ。

食育は何よりも大切

明治時代に村井弦斎が書いた『食道楽』という本のなかに次のような言葉がある。

子どもの教育には、徳育よりも知育よりも、体育よりも食育が先。

もっともな言葉ではあるが、この言葉の意味の深さをどれだけの人が感じているだろうか。

さきほどのハンバーガーの例ではないが、塾のなかにはハンバーガーさえ食べる時間を与えないというところもある。早めの夕食を済ませてから来るということになっているらしい。

しかし、学校からの距離が遠い子などは、何も食べられない状態で、夜の八時、九時まで勉強をしなければならない場合もある。育ち盛りの子どもにとっては、何ともつらい試練である。

この食育については、大きく分けて二つの問題がある。一つは、何を子どもが食べているかという点、もう一つは誰と食べるかという点である。

良い頭を作るには、よい食事から

食事をとると、その栄養が一番先に到達するところはどこか。それは、頭と生殖器である。つまり、生命を維持するのに一番大切なところへただちに運ばれることになっている。だから、優秀な頭脳を作り上げるのに、何を食べても構わないというのは、大変恐ろしい考えである。

アメリカのクレイトン生化学研究所の所長であったロジャー・ウィリアム博士は、ある救世軍の少女たちが、たがいによく口げんかをし、先生に反抗し、また、無気力で憂鬱《ゆううつ》そうなのを見て、食事指導をした。それまでの食事は白パンとマーガリン、安いジャム、甘い紅茶が主になっていたのを、いろいろな種類の新鮮な野菜と果物、乳製品、新鮮な肉に変えさせた。すると、彼女たちが落ち着きを取り戻しはじめた。

アメリカ映画の「ウェストサイド物語」や「理由なき反抗」に出ていた不良少年や少女たちも、「ジャンクフード」（がらくた食品）を食べ、自分が社会に適応できないことを、自分の理性や意志の力ではどうしようもできないと訴えていた。子どもたちが毎日食べている食品には、カルシウムよりリンのほうが多かったり、砂糖や脂肪が多かったのであった。

子どもたちの体に異変が

現在の日本には、カロリーの摂りすぎによる「栄養失調症」が起こっている。これは、食べ物が十分にある国でも「空のカロリー食品」といわれる、炭水化物が多く、タンパク質の摂取が少ない食事が原因で起こり、とくに幼児期、でんぷんや砂糖を多く摂った子どもに起こりやすい。

最近、スポーツドリンクなどの清涼飲料水をたくさん飲む子どもたちが増えているが、この砂糖の摂りすぎは大変危険である。岩手大学教授である大沢博氏は、著書『食原性症候群』（桜楓社刊）のなかでこう訴えている。

校内暴力その他の非行をやってきた少年たちに、ほぼ共通していたのは、清涼飲料水の大量摂取、甘い冷菓、菓子、チップス類を好んで多量にとっていること、朝食抜き、菓子パンや即席麺で食事代わり、清涼飲料水、副食としては肉、とくに焼き肉や食肉加工品が好き、野菜とくに根菜などはあまり好まない。おそらく、カルシウムやビタミンB1などの微量栄養素の欠乏、あるいはさらに低血糖症も起こっていたのではないかと思われる。

昭和五八年一月、少年院九〇名に入院前の砂糖摂取状況についての調査を行った。そのうち清涼飲料摂取についての調査結果を、「昭和五五年版食料白書」掲載の、昭和五五年の高校生の調査と比べたのが下図（図表6）である。週当たり摂取量の単位をリットルとして換算したうえに、一日当たりに直した。

高校生は最高で一日五本、これも大量といってよい摂取量であろうが、院生には入院前に一日二〇本相当を飲んできたものさえいる。高橋良臣氏は、デンマーク牧場時代に、登校拒否児が七時間に二三本の清涼飲料水を飲んだ例を観察している。ともかく、非行少年の清涼飲料多飲傾向は明らかである。

校内暴力をふるった中学生たちは、ほかの要因もあろうが、乱れた食生活によるカルシウムやビタミンB1などの微量栄養素の欠乏、あるいは低血糖により集中力が低下したり、落ち着かなくなったり、心身の健康状態が悪化して学習困難になり、そのため凶暴な反応を起こしたのではなかろうか、と主張している。

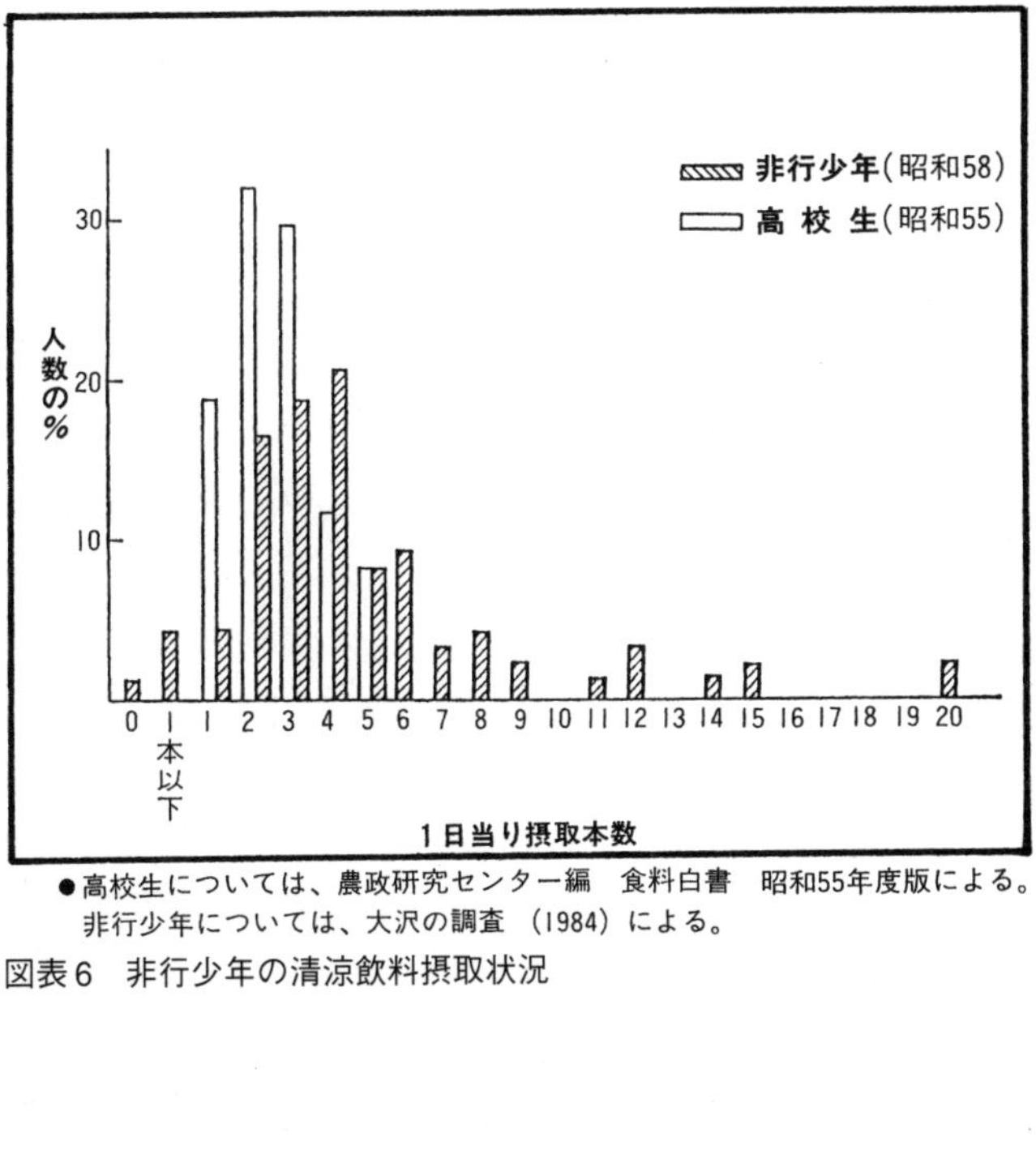

●高校生については、農政研究センター編　食料白書　昭和55年度版による。
非行少年については、大沢の調査（1984）による。

図表6　非行少年の清涼飲料摂取状況

下図（図表7）の統計は、砂糖だけが原因ではないが、子どもたちの体に異変が起こっていることは確かである。

小学生の時期に、乱れた食生活の温床を作ってはならない。勝手な買い食いを許し、また、そうしなければならない状態を生み出すことは、極力避けなければならないことである。

（（　）内引用者）

夕食の意義

夕食の時間というのは、誰にとっても楽しいものである。とくに、今日一日にあったことを語り合える夕食を囲むひとときは、家族の絆を堅くするのに大切な役割を果たす。

からだのおかしさ　ワースト・10

順位	項目No.（小学校）	項目No.（中学校）	項目No.（高　校）
1	22.朝からあくび	43.アレルギー	38.貧　血
2	15.背中ぐにゃ	21.朝礼でバタン	36.腰　痛
3	43.アレルギー	22.朝からあくび	39.高 血 圧
4	14.腹の出っぱり	38.貧　血	40.心 臓 病
5	21.朝礼でバタン	36.腰　痛	21.朝礼でバタン
6	18.背すじがおかしい	18.背すじがおかしい	34.肩 こ り
7	1.転んで手が出ない	15.背中ぐにゃ	43.アレルギー
8	23.授業中目がトロン	5.なんでもない時骨折	22.朝からあくび
9	20.懸垂ゼロ	20.懸垂ゼロ	42.神経性胃かいよう
10	3.ボールが目にあたる	40.心 臓 病	16.脊柱異常

●正木健雄・野口三千三編　子どものからだは蝕まれている　柏樹社　1980

最近目立つからだのおかしさ

順位	項目No.（小学校）	項目No.（中学校）	項目No.（高　校）
1	15.背中ぐにゃ	21.朝礼でバタン	36.腰　痛
2	22.朝からあくび	15.背中ぐにゃ	15.背中ぐにゃ
3	43.アレルギー	22.朝からあくび	21.朝礼でバタン
4	18.背すじがおかしい	43.アレルギー	34.肩 こ り
5	21.朝礼でバタン	34.肩 こ り	38.貧　血
6	29.ぞうきんがしぼれない	18.背すじがおかしい	22.朝からあくび
7	1.転んで手が出ない	5.なんでもない時骨折	42.神経性胃かいよう
8	5.なんでもない時骨折	20.懸垂ゼロ	5.なんでもない時骨折
9	14.腹の出っぱり	38.貧　血	43.アレルギー
10	20.懸垂ゼロ	8.オスゲート・シュラッテル病	16.脊柱異常 23.授業中目がトロン

●出典：同上

図表7

ところが、この大切なひとときを過ごせない子どもたちが数多くいる。そんな一面も、塾通いが招く悲劇である。

「そんなこと言ったって、大事な受験が迫っているから仕方ないでしょ」という反論がすぐに返ってきそうであるが、その正論っぽいもので、多くの犠牲が生まれるのも事実だ。それでは、すぐに言葉をお返ししよう。

「それでは、家族としての絆の基礎はいつ作るのですか? 中学生に入ってからですか?」

この問いにどう答えられるのであろうか。

中学生という時期は、親でなく、先生や友だちなど、親から離れた人たちとの交わりによって大きく感化される。親と同じことを友だちが言っても、親の言うことだと聞かないが、友だちの言うことなら聞くという年代だ。そして反抗期、つまり、いままで親元で作ってきた価値観をいったんすべてぶちこわし、さらの状態にしてから、新たなものを作り出す作業をする時期なのだ。

つまり、小学生の高学年の時期は、いままで親子がやってきた子育ての仕上げの時期なのだ。そこで、十分に親の愛、家族の愛を与えられた者が、中学生以降になると、たとえ同じ家に住んでいたとしても、精神的に羽ばたいていく準備をするのである。

食事をするというのは、人間にとってとても大切な行為である。非行少年たちとそうでない少年たちの違いが出るのは、食事のときである。非行少年たちの多くは、「いただきます」という挨拶から始まるマナーがまったくできておらず、その食べ方には閉口する。まるでエサを食らうかのようなのだ。

最近、セミナーなどを行うときに、子どもたちと一緒に食事をとることがあるが、このときの食事マナーは、年齢を問わず全体的に低下している。まともに食事をとることができないのだ。これは、人間であることの基本が崩れているように思われる。
「食育」を後回しにしてきたツケがここにも表れているのだ。

食事を家族が揃ってとることの重要性

三度の食事を家族全員が揃ってとるというのは、非現実的であるし、そんなことはできっこないことであろう。しかし、一日に一度はそうしたいものである。朝食だけは全員で一緒にとるとか、夕食時には父親は仕事で家にいなければ、せめて母親と子どもたちは揃ってとるようにしたいものだ。

食事は、集団を作るのにもっとも大きな役割を果たす。たとえば、ソニーといえば、いまや学生たちのあこがれの企業であるが、それを創設した盛田さんや井深さんは、会社設立当初、とにかく従業員に飯を食わすことを考えたという。

そして、企業再建を果たした社長の多くは、従業員たちとともに社員食堂で飯を食うのだ。「同じ釜の飯を食う」という行為は、集団を一つにする。いざというときに、一つになった心が力を発揮するのだ。

たとえ科学という論理一点張りの世界であっても、「ナイトサイエンス」のほうが「デイサイエンス」よりも威力を発揮すると遺伝子研究の第一人者、村上和雄氏は力説される。

一時、子どもたちの〝孤食〟という問題が話題になったことがあり、いまでは、拒食症とか、無理なダイエットによって、多くの若者たちが、健康を害しているが、私たちは、このことと、家族揃っての食事がなおざりにされていることとが無関係であるとは思えないのだ。

食事をしているときは、食欲という本能がむき出しとなる、つまり潜在意識がオープンになるときである。だから、親が愛情をこめて作ってくれた手料理を口にするだけで癒される。楽しい会話とともに、身も心もリフレッシュされるのである。

子育てにおいて何が大事かということを、もう一度見直す必要があるように思う。

第7章

MEPはどこがすぐれているのか

小学校高学年は脳にとっても黄金期

さて、ＭＥＰに話を戻したい。

人間には精神発達の段階的時期がある。二歳の子どもに、「あした」あるいは「あさって」遊園地に連れてってやる、といって指切りしながら、約束を破ってもなじられることはない。

二歳ではまだ、「あさって」については一〇〇％、「あした」もほとんどがわかっていないので約束にならないからだ。

ところが、四歳ともなると、あしたも、あさっての時間的意味もわかってくるので、約束を破ると「だって約束したじゃない」と口をとがらせて、いっぱしに意外なほど強く抗議してくる。

フランスの有名な心理学者、ジャン・ピアジェは、子どもの精神の発達時期を大まかに四つの時期に分けている。

第一期を、感覚運動的知能の時期という。誕生後から二歳ごろまでは反射（生得的行動様式）を形成し、ここを基礎にして新しい環境に同化していく。

第二期を、前操作的表象の時期という。二歳から七、八歳くらいまでは第一期を基本にして保存（質量保存）の概念を形成させていくが、まだこの時期では論理的思考ができない。

第三期を、具体的操作の時期という。七、八歳から一一、一二歳の時期にあたる。

この時期には、各種の基本的な概念が生じ、論理的思考が可能になる。たとえば、スズメは鳥に含まれ、鳥は動物に含まれ、動物は生物に含まれるといった、概念の大きさ順に言葉を並べ替えることができるようになる。

ただし、まだこの時期では、自己中心性からは脱しきれていない。つまり、幼児と少年の二つの性格が存在することになる。

第四期を、形式的操作の時期という。一一、一二歳になると、言語や記号だけで正しい推理ができるようになる。

つまり、大人と同じような抽象的思考が可能になる。だから、小学校の四年生ごろから、論理的思考力を鍛えなければならない重要な時期になるのである。

学校の算数のカリキュラムでも、小五になるといきなり難しくなるといわれるのはこのためだ。今までは絶対値で比較していたものが相対値で比較しなければいけなくなる。

自分がもっている一〇〇円が二〇〇円をもっているAさんと比較されると五〇％になり、五〇円しかもっていないBさんと比較されると二〇〇％

となる。

自分のもっているお金は一〇〇円であり、変化がないのに、相手と比較されると五〇%にもなり、二〇〇%にもなる。この論理は第三期の子どもには理解できない。

一般に、中学受験が好まれるのは、このような思考力を鍛えなければならない時期に合致しているからである。脳は刺激を求めている時期なのに、残念ながら、現在の公立小学校の授業では、十分な鍛練を求めるにはレベルが低すぎる。

真の論理的思考力を身につけるには1（長文読解力）

小学生の高学年で真の論理的思考力を身につけさせるには、それなりの準備が必要である。

私たちの教室では、年長では宮沢賢治などの精神性の優れた作家の名作童話を読ませて、講師がその内容に関する質問をし、子どもたちがそれに答えるようになっている。なかには論文として大学入試に出題してもよいような問題さえある。

しかし、不思議なことに、子どもたちは言葉こそ洗練されていないものの、その作品の真意を的確につくような解答をするのである。しばしば、感動を与えてもらうことになる。

小四くらいになると、開成中・麻布中・武蔵中、桜蔭中・女子学院中・雙葉中などの東京男女御三家の問題や、灘中などの問題を丁寧に解説しながら教えていく。

ここで大切なことは、点数をとらせるためというのではなく、あくまでも論理的思考力を養うという点に主眼があるということである。だから、一つの問題を何時間もかけて、多方面から講師と子どもたちが一緒にとことん考え抜いていくという過程が大事なのである。

一時間かけてたった四行しか進まないことも往々にしてある。しかし、その文章を書いた筆者の思いや、筆者はなぜこの言葉をあえて選んだのかといったことを徹底的に考えさせることによって、子どもたちは、言葉に対する繊細な感覚を身につけ、論理を展開するためには、これだけの伏線や仕掛けが作られていたのだということに気づいていく。

そうなると、子どもたちの文章に対する目の輝きがまったく違ってくる。つまり、作家は言葉選びのプロであり、そのセンスが感銘を与えるのだ。そのセンスの結集が一つの作品を作り上げる。

その作品の裏にある作者の想いに触れることで、その問題を真剣に解こうとする子どもの魂の一部が触れることになる。お互いが真剣勝負したときに、エネルギーは激しくスパークするのだ。

そのような力をつけてやるには、じっくりと考える集中力とたっぷりの時間が必要である。けっして無理してたくさんの問題を解いてはならない。子どもの論理力と感性、そして心を刺激するようなものでなくてはならない。

だから、問題選びや解説をする際は細心の注意を払わなければならないのである。有名校の問題だからといって、むやみやたらに問題を解かせても、力はつかない。

また、子どもたちには、「青い鳥」や「ビルマの竪琴」などの名作を読ませて、その要旨や主人公の気持ちなどを論述させる取り組みも行う。自分が感じたことを、とにかく文章にするというのがとてもいい勉強になる。

まずは、細切れの文章ではなく、本一冊を読み通してから考えるというのが、国語本来のあり方である。そのうえで、言葉や漢字、語句や文法などの知識を増やしていく。

真の論理的思考力を身につけるには2（算数力）

算数力をきちんと身につけることも論理的思考力を養う大きな柱となる。算数を指導するうえで大事なことはいくつかあるが、ここではそのうちの二つを示しておく。

まず第一は、算数と数学は明らかに異なる次元にあるということだ。数学を勉強させれば算数はいらないという人もいるが、これは大間違い。

算数は、数学的な論理思考ができる頭を作るのが第一の目的であり、数学はそのうえに成り立っている。

第二は、今の算数は、暗記重視で問題を解いていこうという傾向にあるが、そうではなく、あくまで算数は、考える力を養うものだということ。

陰山英男氏は、最近話題になった『本当の学力をつける本』（文芸春秋）でこう述べている。

「文章題はある答えを求めるために作られた問題です。つまり、いくら考えても解き方は限定されています。ですから、思考というより、解き方を学ぶ教材ではないでしょうか」

だから、型に当てはめてどんどん解いていけばいいというのである。そういういわば確信犯的な考えのもとに、そこで浮いた時間を、別の思考を養う問題に当てるというならいいだろう。

たしかに、そのような文章題は型に当てはめて解き方を早く教えてしまえば、得点力はすぐにアップする。文章題は、教えるのに時間がかかる。学校の先生にとっても、教えるのは難儀だ。

指導力に乏しい先生で、いつもそこでただ時間を食うだけでなかなか成果をあげられないというなら、子どもにとっては、少しでも問題ができるようになったという達成感を味わわせてあげるほうがベターかもしれない。だいたい、いくら教えても子どもがついてこないという先生は、しまいには、「おまえたち、わかんなかったら、こうやって型に当てはめて解け」と、いかにもウンザリという顔で投げやりにいうだろう。

スキルをこなせればベターにはなる。ただし、問題もある。型に当てはめれば、そうやって点もとれるし、教え方も楽になるので、先生も生徒も、文章題でなくても、型へはめるほうへ型へはめるほうへと流されて、結局子どもは、算数は型に当てはめればわかるものだと、スキルだけを求めがちになることである。

それに慣れると、やはり型にない問題に直面したときに、解決できない〝マニュアル頭〟ができてしまうのだ。

また陰山氏は、「解き方が決まっているつるかめ算などは、早い段階で解き方を教えてしまうほうがいい」とも述べている。たしかに「つるかめ算」も型が決まっているのだが、私たちは、あえてそれを考える力を養うために活用している。

ひたすら鶴と亀の足の本数を〝表に書き出す〟というような原始的な作業を、何度も子どもたちに繰り返させる。そうすると子どもたちのほうから、「先生、いつも同じような作業を繰り返さなくちゃいけないんですか」とか、「もっといい解き方はないんですか」と聞いてくるようになる。

そんな状況になっても、先生は教えず、「みんなで考えて」と答えるだけ。みんなで考えてもお手上げというときになっても、まだ教えない。

表が意味している内容を図式化し、やっとそこで本来の「つるかめ算」の解き方を導き出すようにするのである。これは差集め算でも、旅人算でも、同様である。

私たちもMEPを創設する前、ある老舗の有名進学塾のテキストを紹介し、子どもたちに自習させていた。

ところが、誰もが三カ月くらいやらせていくと、もうやるのをいやがってしまうのだ。けっして算数嫌いとは思えない、かえって算数好きの子どもたちまでが嫌がるようになってきた。

それで、テキストの内容をよく見てみると、新しい単元になったテキストの一ページ目の頭から公式が載っていて、その後にその公式を機械的に当てはめれば解けるような問題が数多く並んでいたのだ。「ああ、子どもたちにとっては、これがいやなんだな」とやっと気づかされた。

つまり、論理力が身につけられるせっかくのチャンスである算数の学習が、暗記科目の一つになり、機械的に当てはめればできる問題ばかりを数多くやらされることで、つまらない無味乾燥な作業となってしまっていたのである。

現在のＭＥＰの算数の教材や授業は、解き方よりもとらえ方を重視し、教えるよりも気づかせ、感動を与えることを第一としている。その結果、子どもの目の輝き方がちがうのはもちろんのこと、学力の伸び方が、それまでの「常識」をくつがえすものとなった。

子どもから理科実験の体験が消えつつある

二〇〇〇年一二月六日に発表されたＩＥＡ（国際教育到達度評価学会）の調査によると、数学、理科を「大好き」「好き」と答えた生徒の割合が、前回の九五年の調査を大幅に下回り、調査対象国のなかで最低レベルだった。

一位のマレーシアが、数、理それぞれ九五％、九六％なのに対して、日本は四八％、五五％と、非常に低い数字にとどまった。これはゆゆしきことである。

理数の力というのは、ダイレクトに国力に影響してくる。げんに、スイスのある研究所のレポートによると、「シンガポールの成長力は世界でNo1。日本は十数位に落ちている」と報じている。

これを打破するためには、理数教育をいち早く強化しなければならないのだが、それが教育現場にはなかなか伝わっていない。

公立小学校の場合、理科を担当する先生の力が低下していて、理科実験器具を搬入している業者に聞くと、実験をするのに必要な器具や適量の薬品を注文することができないという。

また、ある大手の進学塾では、理科の実験を子どもたちにさせる必要はない、といい切る。「うちは、手のかかる理科実験なんてしなくても生徒は十分に集まるから」ということだ。

営利主義ということでは、あまりに当然の答えである。

ＭＥＰでは理科実験を重視している（重要単元の大半は、実験をしてからテキストで学習する）。子どもの学習意欲や、思考力を伸ばすのには、理科実験はとても有効である。

実験に臨むときの、あのワクワクとした輝く目が子どもの本質なのだ。大人にも、楽しかった思い出があるだろう。

点取り競争より、何よりもそういう関心こそが、子どもの隠れた能力をどんどん引っ張り出していくというのに、もったいない話である。

一日二時間の勉強で一万五千人中一位の子も出現！

ＭＥＰを実践している子どもたちは、ほぼ理想的な環境で成長している。

たとえば、小三、小四で中学入試の難問を楽々解いている子どもが続出し、全国模試では堂々の一万五千人中一位を獲得する者も現れてきた。そんな子どもたちは、一日二時間くらいしか家で勉強しておらず、週一回程度の通室でそれらのことを可能にしている。

「友だちと、ほとんど毎日遊んでいます」

「一日二時間くらいしか勉強しなかった」

「他の習い事をずっと続けていました」

「春、夏、冬休みはいつも楽しく遊びました」

「夕食は、いつも家族と一緒にとっていました」

こんな子たちが、中学受験上位校に続々合格しているのである。世間一般の常識ではあり得ないことが、今現実となって起きているわけだ。

つまり、受験ごときで大事な思春期を犠牲にしなくても、十分に結果を出せるシステムは完成しているのだ。それには、最高のプログラムととももに最高の講師たちの力も大きい。通常では業界のトップクラスの講師（トップクラスというのは、中学受験問題やすべてのオリジナル教材を作成し、なおかつ最高レベルでの授業が行えることを指す）が、直接指導をするのだ。

ぜひ、いままでの常識をうち破ったＭＥＰにご期待いただきたい。

第8章

理想の教育を求めて

成功を導く能力こそ身につけるべき

親は子どもに何を望むのか。何を望んで塾に通わせているのか。何もテストの達人にしたいためではあるまい。

そりゃあ中学受験で進学校に入れるのが目的なのだろうが、その先には何があるのか。いい大学に入れて、いい就職をさせる。

早い話、社会的な成功をさせたいためだろう。

「いいえ、成功じゃなくても、そこそこのお給料がいただけて、まあ人様からちょっとはうらやまれるぐらいでけっこうです」

なかには、こういう母親もいるかもしれない。

それもまあ、こういうリストラ時代には、失敗しないというところで、成功といえなくもないかもしれない。それも成功のなかに入れることにしよう。

大事なのは、たんにペーパーテストで高得点がとれるような優秀な頭脳をもっていたとしても、けっして社会的に成功が得られるとは限らないということだ。

成功は幸福と置き換えてもいい。それが現実の大法則である。

現実は、けっしてＴＶゲームのコントロールレバーに連動して、高得点が成功や幸福に直結するようなわかりやすい世界ではない。芸能界を見ただけでも、偏差値の勝負でないことがよくわかるだろう。

だとしたら、頭のよさではなく、いったい何が成功を導く力になるのか。頭のよさのほかに本当に成功を約束してくれる能力があるのなら、それをこそ身につけるべきではないか。

ＩＱより社会的知能

ＥＱという言葉はもうご存じだろう。これはアメリカのダニエル・ゴールマンの『ＥＱ　こころの知能指数』（講談社）という本で知られるようになった。

「こころの知能指数」というように、これは「エモーショナル・クオシェント」、日本語に訳せば「情動指数」となる。

心理学者のソーンダイクは、人間の知能には「抽象的知能」「機械的知能」「社会的知能」の三種類があるといった。

抽象的知能というのは、学校の勉強をやるうえで必要な知能のことで、機械的知能というのは、機械的なメカニズムを理解するうえで必要な知能であり、社会的知能とは、社会生活を営んでいくうえで必要な知能のこと。

ＥＱとは、この社会的知能を言い換えたものということができる。具体的には、豊かな感情をもち、人から慕われ、誰とでも仲良くやっていける能力。もっと簡単にいえば性格のよさということになる。

ハーバード大で卒業者の追跡調査をしたところ、大学時代の成績が優秀だからといって、社会的に成功しているとは限らないことがわかった。また、現在の人生に満足しているとは限らないし、友人や家族との人間関係や恋愛面で幸せだとも限らないということもわかったのだった。

むしろ人生に大きな差をつけたのは、ＩＱよりも、子どものころからの挫折を克服する能力や感情をコントロールする能力、他人と協調する能力があったかどうかだった。すなわち、ＥＱの高さが成功を与えてくれるのである。

ハーバード大学教育学部の心理学者ハワード・ガードナー氏はこういっ

ている。

「そろそろ才能というものをもっと広範囲にとらえるべき時期にきていると思う。子どもの発達のために教育がなし得る唯一最大の貢献は、その子が自分の才能にもっともふさわしい方面に進んで能力を発揮し、満足して生きられるように応援してあげることだ。

私たちは、現在そのことが見えなくなってきている。いまの学校は、生徒全員を大学教授に仕立てようとするかのような内容である。学校は、いいかげんに子どもをランク付けするのはやめて……」

ガードナー氏は、さらにこう述べる。

「IQが一六〇の人間でも、心的知能が低ければ、IQ一〇〇の人間の下につくことはよくある。毎日の暮らしのなかでは、対人知性は何より大切だ。対人知性が低ければ、結婚相手も就職先もまちがってしまう」

志望校に合格するために、親も子も躍起になるが、そのあとはどうなるのだろう。有名大学に進学し、一流企業に合格するために、親も子も躍起になるが、そのあとはどうなるのだろう。

有名校に進学し、一流企業に入っても幸せになれるかどうかはわからない。今の子どもたちは、大人たちの状態を見て、そんな古びたルートが自分にとって、必要なものであるかどうかをシビアに見極めている。

子どもたちが知りたがっているのは、本当はもっと〝本質的〟なことなのだ。「人間はなぜ生きるのか」とか、「本当のしあわせって何だろう」とかいったことを聞きたがっている。

私たち大人が育った環境と、これからの環境はまったく違うということを、私たち大人ははっきりと自覚しなければいけない。

これからは、より本質的なものが求められる時代への大変化が起きているというのに、塾のチラシは相変わらず、教育の顔をして○○中学××名合格、△△中学××名合格と、二〇年前とまったく変わらないことをやっているのだ。

関係性のなかで自我が育つ

人間は社会的動物である。〝社会的成功〟などというが、成功は社会があるからこそもたらされる。無人島で一人では、成功も何もない。

ビジネスで成功した人はよく、有力者に引き立てられたとか、誰それに出会ったおかげでうまくいったという話をする。つまり、人との縁があったということだ。

偶然の出会いにしろ、チャレンジして有力者に接触したにしろ、やはり人のサポートを得なければ成功はできない。セールスは、商品よりも人だというのがセールスマンの心得だ。

日常の生活のなかで、人に好かれ、共感され、いいやつだと思われ、信頼されるというのは、とても大きな才能である。人から好感をもたれるというのは、それだけで大きな成功力になる。

その魅力的な人間性を育むのが、まず家庭である。人間は、一人では自我も自意識も育たない。父親、母親、兄弟、祖父母、伯父叔母などとの関係のなかで、自分は何者かという自我が形成されていくのである。

自分という存在は、関係性の存在そのものだ。父親や母親が、関係性の役割を希薄にした家庭では、子どもの自我はうまく形成されないだろう。

人とうまく付き合えない若者が増えているというのは、愛情の希薄さにともなった、家庭における関係性の喪失が多分にある。自分が何者かがうまく形成されていないなら、他人とどう接触していいかわからないのも無理はない。

ＥＱからＳＱへ

ＥＱが大事だということについては異論はないだろう。それよりも今度はＳＱという言葉が出てきたのだ。ＩＱ、ＥＱに次いで、ＳＱである。『ＳＱ　魂の知能指数』（ダナー・ゾーハー＆イアン・マーシャル　徳間書店）という本が出ている。ＳＱとはスピリチュアル・インテリジェンスのことだという。

魂という訳語になっているが、スピリチュアルには精神的、宗教的、脱俗的という意味もあり、ＳＱというのは、人生の意味を考えるような精神的な能力のことである。

物質的に成功し、人からも認められ、社会的な地位や名誉を勝ち得た人たちがいるとする。彼らは、ＩＱはともかく、少なくともＥＱは十分に発達していたと思われる。そういう〝成功者〟は、もはや悩むことはないのだろうか。

いや、彼らはふと心に空しさを感じることがあるとよく漏らす。それどころか、世のなかには「幸せ」を実感できない人たちであふれかえっているのだ。

『ＳＱ　魂の知能指数』にはこう述べられている。

スウェーデンのある30代半ばの大会社の重役はこんなことを言っている。

「私は健康だし、すばらしい家族もいる。社会的地位も高い。順風満帆といってもいいんでしょうね。でも、この人生で自分が何をしているのかよくわからない。いまの仕事をやっていて、正しい道を歩んでいるのかどうか、自信がもてないんです」彼は自分の不安を『精神的な問題』と説明し、自分は『精神的な危機』を迎えていると言った。

こういう感覚は、けっしてこの重役ばかりではない。この時代に生きる人なら誰しもある。むしろ、そのほうが自然だろう。

しかし、言い知れぬ不安が彼らの心を支配しているのは事実だし、また、そのような感情は彼ら特有なものではなく、我々にもどこか共通している意識があるのではないか。

そういった空虚感を満たす能力がＳＱだということだ。このＳＱに欠ける人が鬱になると、ビルから飛び降りたりすることになるのである。

さて、『SQ　魂の知能指数』には、ちょっとした小話が紹介されている。これまで述べてきたもろもろの話が集約されている。長めの小話だが、引用させていただきたい。

アメリカのビジネスマンとメキシコの漁民

アメリカのビジネスマンがメキシコの漁村の突堤《とってい》に立っていると、ひとりの漁師がやってきて、突堤に舟をつけました。舟のなかには、大きなマグロが何匹かありました。

アメリカ人はみごとな魚を誉め、捕るのにどのくらい時間がかかったか聞きました。

メキシコ人は答えました。「なあに、ほんのいっときさ」

するとアメリカ人は、どうしてもっと長く海に出て、もっとたくさん捕らないのかと聞きました。メキシコ人は、さしあたり家族を養うにはこれで充分だからね、と言いました。

するど、アメリカ人は聞きました。「それじゃ、ほかの時間は何をしているんだね？」

メキシコ人は答えます。「ゆっくり昼寝して、ちょっとだけ魚を捕り、子どもたちと遊び、女房のマリアと昼寝して、毎晩ぶらぶらと村に行き、友達（アミーゴ）と一緒にワインを飲んだり、ギターを弾いたりしているよ。充実した忙しい生活をしているのさ、セニョール」

アメリカ人はバカにしました。「わたしはハーバードの経営修士号（MBA）をもっている。君を助けてあげられるよ。きみはもっと時間をかけて魚を捕り、その収益でもっと大きな船を買うべきだ。それで収益があれば、きみはさらに何艘か船を買うことができる。ゆくゆくは一艦隊ほどの漁船をもつようになる。捕れた魚を仲買人に売るのではなく、じかに加工業者に売り、いずれ自分の缶詰工場を開設する。製造、加工、販売、を一手に握るんだ。この小さな漁村を離れ、メキシコシティに引っ越さなければならないな。そのあとロサンゼルスに、やがてニューヨークに進出して、大企業を経営するようになる」

メキシコ人の漁師は聞きました。「でもね、セニョール、全部でどのくらい時間がかかるんだい？」

これに対してアメリカ人は答えました。「一五年から二〇年といったところかな」

「で、そのあとは？」

アメリカ人はからからと笑い、それからが最高のお楽しみなんだと言いました。

「潮時を見計らって株を公開し、売却してうんと金持ちになる。百万長者になるんだ」

「百万長者に？　そのあとはどうなる？」

アメリカ人は言った。

「そのあときみは引退する。海岸の小さな漁村に引っ越し、ゆっくりと朝寝して、ちょっとだけ魚を捕り、子どもたちと遊び、奥さんと昼寝して、夕方になるとぶらぶらと村に行き、アミーゴと一緒にワインを飲んだりギターを弾いたりできる」

まあ、あえて私が蛇足を加えれば、「セニョール、だったらおれはもう百万長者さ」ということになる。

「なるほど、きみはもう人生にいい投資をしている」とうなずいて、アメリカ人も渋く笑って立ち去るわけだ。

これを読んで笑えた人は、たぶんＳＱは低くはない。

それじゃあ、進学塾のＦクラスが定位置の子どもはどうだろう。そのお母さんや塾の講師、経営者はどうか。

きっとみなＩＱが高いから、国語の問題にして「このエピソードが述べる意味を二百字以内でまとめよ」と出したら、みな正解になるだろう。けれども、笑いの構造を理解はできても、スピリチュアルな琴線をそよがせることになるかとなると、どうか。

このアメリカ人に悪気はない。こういうアメリカ人の考えをＡＱ（アメリカン・クオシェント）が高いというのだろう。

この考えがスタンダードとなって世界を支配しようというのがいまの時代だ。

ＳＱは何も宗教人の精神を意味するものではない。むしろ、宗教の背後にある、人間に普遍的な洞察であり、それが宗教を興したといえよう。だから、ＳＱの高い人は、宗教をぜんぜん信じていなくても、そこいらの排他的で凝り固まった宗教者よりよっぽど精神性が高いのだ。

ＳＱがなければ、自分が何者なのか、何が自分にとって意味があるのか、自分が身を置く世界のなかで他人やものがどういう位置を占めているのかを、理解することはできない。

なぜ空しさを解決しようとしないのか

世間には、空虚な魂をもった人間であふれている。精神的危機さえ迎えているのなら、どうしてその原因を探ろうとしないのか。

言い知れぬ不安を抱えていては、もちろんどんな物質的な豊かさも幸福にはさせないし、それどころか、自分の命さえ断つことにもなるのである。人間の生命としては、実に命の瀬戸際の状況だ。

それは、たんに社会の一部の問題ではない。危機は、人類全般の頭上に暗雲となって垂れ込めている。

精神科を訪れても解決できない問題だとしたら、それは人間としての本質にかかわる問題である。そういうときにまず人は、原因を探る労を惜しんで、空しさの埋め合わせを宗教に求める。

しかし、その宗教も心に開いた穴に、ただありあわせのぼろ雑巾をねじこもうとするだけだ。心にぽっかりと、底も知れない穴が開いている状態では、何を詰め込んでも空洞はふさがりはしない。

ＳＱの低い集団では、かえってますます穴は広がっていくばかりだろう。

この空しさは、けっして大人だけの問題ではない。いや、そのような心の空しい、精神的危機をかかえている大人があふれている社会の一番の被害者は子どもなのだ。

子どもはまだ、暗雲の重さも知らずに、生まれもった〝先天の気〟でそれをはねのけているかもしれない。しかし、都会の喧噪と、空しい大人の原理に支配された体制のなかで、すぐにそれは消耗し、天真爛漫な目の輝きも失われていくのだ。

もし、いまの子どもがこのまま空しさを与えられ続けたら、日本の将来はもう見えている。彼らが大人になってまた再生産システムの担い手として参入したときには、もう崩壊を止める者は誰もいないだろう。

精神的危機を回避するのは、いましかないのだ。

子どもこそ人生の意味を求めてあえいでいる

前に、いまの子どもは、より本質的なものを求めているといい、社会はそういう時代へのシフトがなされつつあるといった。

ガードナー氏は教育者として、もはやこれまでの「全員を大学教授にするような」ものではだめだと反省し、次のように方向転換を訴えていた。

「子どもたちがそれぞれにもって生まれた才能や資質を見つけ、それを伸ばしてやることに力を注ぐべきだ。成功に至る道は何千何百とあるのだし、そのために役立つ能力だって実に多種多様なのだから」

ガードナー氏のいうことは正しい。百人百様の子どもに、同じサイズの既製服に体を合わせろとはいわないのに、どうして教育だけは合わせられると思っているのか。

そういう教育が求められ、社会に貢献した時代はたしかにあった。識字率を上げ、貧民窟から脱する機会を与えてくれた貢献は否定しない。しかし、もはやそれは古い。

てんかんで脳梁《のうりょう》切断が重宝された時期はあったが、もう誰もそんなものはやっていない。古めかしい医療技術で患者を害したら、りっぱな犯罪である。

教育だけが古色蒼然《こしょくそうぜん》とした、飴色の教鞭をふるっていられはしないのである。それが教育者はわからない。

学校にしろ塾にしろ、当然ながらいまの教育体制を変革する必要があるとは思っている。しかし、私たちは、子どもたちがいま痛烈に求めているのは、もはやいまの教育が扱っているレベルでは得られないと考えているのだ。求められるのは、もはや知識教育どころか、才能や資質を伸ばしてくれるものでもない。その意味では、ガードナー氏も古いのである。

子どもたちは、もっと本源的な知に飢えているのだ。もはや、それしか自分たちが起死回生できる術はないと、本能的に生き延びる道を探している。

学校も、塾も、彼らの嗚咽《おえつ》も咆哮《ほうこう》も聞こえはしないだろう。

本源的な知とは何か。それは、大人が求めるものと同じである。「自分とは何か」「魂はあるのか」「生きる意味」「宇宙にとっての自分の存在の意味」などである。

はたして、それらに的確に答えられる大人がいるだろうか。身近にもいないし、大学にもいないのである。

子どもを侮ってはいけない。

思い出してほしい。これらの疑問は、大人になる過程で、知識を得ていくことによって、だんだんと頭に上ってきたものでも、三〇、四〇歳になって突然降ってわいたものでもないだろう。

子どもは、優れた哲学者であり、魂の探求者である。宇宙の果てを考え、死とは何かを考えている。

その宇宙の果てを考えたことによって、すでに一六歳にして、アインシュタインは相対性原理のアイデアを閃かせたのだった。

子どもの本源的な問いを満足させる教育がいま切に求められているので

ある。それを提供するのが大人の役目だ。

けっして理想論ではない。私はこれまで散々進学塾を中心とした受験システムの罪を暴いてきた。それは何も、私が教育界にいるから、その狼藉《ろうぜき》をあぶり出そうというのではない。教育という世界だけの問題ではないのだ。


子どもたちの閉塞状況は、その本質へ問いかける、魂の本能が抑圧されているからである。

その本能を抱えて子どもたちはこの世にやってきたというのに、大人はそれを見事に封殺する。子どもたちは、たんに塾で商品化される理不尽な受験教育ということだけで鬱屈しているのではない。それだけではキレないのだ。

どうして私は生きているのか、人生の意味とは何か。たしかに、それを知らないで人間が生きていくのはつらい。意味を求めるのが人間の仕事なのだ。

これは古来からの永遠のテーマだが、そういう疑問は、自らを合理主義の、実存的な状況に置いているからこそ出てくる疑問なのだ。無為自然に生きていたら、生きること自体が解答となっていたのである。

その黄金の日々がもう人間にはない。とくにこの日本の子どもたちには。

問いは自分のなかにある

教育とは本来、個々人と相対し、そういう本質問題を扱うものだった。もしそういう教育が、あなたの生きる意味を教えますという看板を掲げたら、うさんくさく思われるか、反対に客（生徒？）が殺到するかのどちらかだ。

もし、本当に本質の問いに答えてくれるなら、繁盛しないわけがない。

しかし、それは人が教えるものではない。問いを発した自分たちで見つけだすものなのである。

それでは教育は何をするのか。それを見出せる環境を提供するのが教育の本質なのである。

そのためには、魂の声に耳を塞がせる一切の雑音を除いてやることが最低の条件である。いまでいうなら、合理主義と受験システムの雑音だ。

その静謐《せいひつ》さのなかで、沈思黙考し、静かに自分と向き合えることができれば、魂の自我としての求めるべき道が自然に発露されるのである。大人が整える環境とは、静謐さとともに、自分のなかにこそ答えがあり、それは必ず見つかるという確信を与えることなのだ。

教育は、子どものなかに、自然に湧き出ようとする泉に、自らの手で蓋をしていることに気づかせることである。

大いなるものを求めさえすれば

たんなる抽象論かと思われるかもしれない。だが、提供する環境には形がある。そのヒントをお教えしよう。

お茶の水女子大学教授の藤原正彦氏（数学者）は、天才が育つ土壌として世界に共通する三つの条件を挙げていた。

第一は、自分を超えた大いなるものに対してひざまずく心。

第二は、金銭的なものよりも精神性を尊ぶ心。

第三は、美の存在とそれを尊ぶ伝統を重んじる心。

このような環境のなかで、天才が育まれるのだという。

天才は大人が教えて作れるものではない。自然からの贈り物である。

しかし、先天的な才能だからといって、まったくの無教育で生まれたのではない。天才は自然が教育したのだ。
「美の存在と、それを尊ぶ伝統を重んじる心」というのは、そういう環境と、先祖から親へと続く精神的な血統のなかで、遺伝子のなかに、先天的に形成された才能である。いわば、それが時間を超えた教育環境になったのである。

実は、これは天才が育つためだけの条件ではないのだ。そういう環境のなかで、後天的な才能としても、子どもの心の本質が発露されるのである。本来、子どもにはすでに、天与の才が内蔵されている。それをエデュケーションする（引き出す）のが、本来の教育である。

ところが、いつのまにか教育は仕込むことばかり考えはじめた。人間は、田畑に種を蒔いて食料を増産し、物質を加工してこの世界を作っている。文明の発達は、物質の加工の複雑化の過程だといっていい。

物質を加工し道具を作り出すのは、人間のイメージがすでに脳のなかにあるからできるのである。

建築も、機械も脳のイメージが物質化したといってもいい。イメージを外に向かって焼き付けたわけだ。そのおかげで、世のなかはずいぶん便利になった。

しかし、その至便さに快楽を感じたとたん、今度は外に現れた外部の世界こそが本物の世界だと思い込むようになってしまったのである。それは、近代から一段と加速がかけられて、いまはもうトップギアに入っている。

だから、知性を磨こうという教育も、外部から脳へ注入しようという発想になってしまったのだ。いったんそうやって仕込むことを覚えると、常に合理化を目指すのが人間の癖だ。

詰め込み教育というのは、農地に種を蒔く発想そのものだ。そうやって子どもを育てて刈り入れ、国家のお役に立てようというのが近代教育の始まりだった。

天才を生む条件の、「精神性を尊ぶ心」と反対なのが「金銭的なもの」であり、それは取りも直さず合理主義にほかならない。

「自分を超えた大いなるものにひざまずく心」とは何か。

この大いなるもののなかでこそ、個は大いなる充足を得る。それが人間の本然である。

そもそも、個は潜在意識のなかで、大いなるものと結ばれているのだ。全体を構成する大いなるものの一部としての個という自覚があったとき、個の役割が大いなるものから示されるのである。ときにはそれを使命と呼んだ。

神は死んだと宣言し、合理主義、物質主義に走る現代人は、実存的な個としての私という幻想のなかに自尊心を求めた。みずから大いなるものからの情報に耳を閉ざしたのだ。楽園喪失である。

この大いなるものを求めさえすれば、人生の意味も、個としての存在意義も、さらには物質世界でやっていくための才知さえ与えられるのである。目の前の玩具で遊ぶ楽しさにはまってしまったあまり、物質的な刺激の海に溺れてしまった。

テレビを見続けるあまり、テレビ画面を本物の世界だと錯覚したまま抜けられなくなったというべきか。顛倒《てんどう》夢想である。

物質世界を打開する情報も力も、物質世界にはない。有益な情報がもたらされるのは、すべては脳の奥の宇宙に通ずる、魂のパイプラインからである。

教育の本質とは何か

教育とは何かということが、少しはわかっていただけただろうか。少なくとも、東大を出て一流会社に入るとか、お見合いの釣書きの値を高めようというものではない。

もちろん、そういうプラグマチックな教育もありうる。だが、それは教育の本質ではない。

いや、もっと素晴らしいものといってもいい。これはけっして私たちだけの理想論ではないのだ。

マーヴィン・トケイヤー氏は『日本人は死んだ』（日新報道）で、ユダヤの教育は実利的なものではないといい、日本の現在の教育のあり方について痛烈な批判をしている。

〝教育こそは神に近づく唯一のもっとも崇高な手段である〟というふうに考えるのである。教育によって、ほんとうの崇高な人間性が獲得できるのである。

そこには、教育における実利性・実用性を超えた、さらに高い目的が存在している。教育の動機は、人間性を高めるものでなければならない。高い教育を受けた大学卒業生は、いずれも立派な人間であることが要求されるし、教育は、またその人間性を高めるために役立つものでなければならないと、われわれユダヤ人は数千年来考え続けている。

たとえば、日本の教育で最高と評価されている東大卒業生が、たくさんの法律的知識を身につけ、そして日本の社会に出て活動し、たくさんの企業を経営して金をもうけ、そのビジネスを発展させていったとしても、われわれユダヤ人からみれば、こうした教育は必ずしも正しい方向に沿ったものとはいいがたい。つまり、そこには単なる〝足の生えた辞書〟が存在して歩き回っているだけであって、人間性を深めるものが何も認められないし、人間としてのオリジナリティを発揮する教育は、何ら施されていないからである。

教育の目標とは

日本人の私たちとしても、ここまでいわれればむしろ痛快である。

教育とは何かと問うと、答えはいくらでも出てくるはずだ。生きる力だとか、自ら考える力を養うこと、というのは文部科学省だろうし、進学塾はエリートを育てるためとでもいうだろうか。

その答えは一つだけではないが、一つと限定されれば、「幸せをもたらすための叡知の獲得だ」ということはいえるだろう。

人間は、世界（宇宙）を自分と分離された客観的な対象だと思っている。じっさい、目に映る世界はいくらでも加工し、利用できる。しかし、それではものとしてしか利用できないのである。

分析したり加工したりするのではなく、それよりも宇宙のなかに身を投じて、自我の殻を脱ぎ捨てれば、宇宙は自分と一体となって、その全体の情報を受け取ることができるのだ。

ただ、静かに心の奥の潜在意識の扉を開けばいいのである。そうすれば、宇宙は個が収まるべき場所へと導いてくれる。

自分はなぜ存在しているのかという永遠の問いを満たしてくれる、それ以上の幸せがあるだろうか。そのような宇宙への永劫回帰こそ、教育の目標である。教育はただ自らが、自らの魂の蓋を開くのを見守るだけ。自らの懐にある宝を確信させるだけだ。

ストア派の哲学者、エピクテタスに次のような言葉がある。

「すべての人は幸福である。もし不幸だったら自然の大法、宇宙の秩序を知らないか、忘れたか、低い判断力で踏みにじっているかである。つまり、不幸な人は大悪人、大罪人である」

人間が、世界を目で見れば対象としての外宇宙だが、目を心の奥に転じれば、内宇宙が広がっている。その世界を思い出しさえすれば、宇宙は自分と一体になる。そのとき、もはや不可能はないのである。

松下幸之助氏は、「宇宙の根源の法則に従わずして、事業人間の発展はない」との理念を掲げていた。この宇宙根源の法則に従うため、自ら「素直な心、純粋な心」に至る精進に励んでいた。この「素直な心、純粋な心」の境地とは、松下幸之助の人生の目標そのものだった。

しかし、この「素直な心、純粋な心」とはいったいどんなものか。

ある人は、「偉大な人物は、行動の手段ではなくその心の純粋さによって成功を収める」というインドの古いことわざを引いて、まさに松下氏はその目標を全《まっと》うしたと説いている。自分の利益を勘定に入れないことと、自然と調和することだというのである。

それにしても、幸せも成功も、自分個人が求めるものだ。それなのに、その個を捨てたときこそ成功がもたらされるというのである。このパラドックスこそが、幸せを生み出す教育の本質なのだ。

対象としての自然ではなく、自分のなかの自然を呼び覚まして自分に満たす。そのまま活動すれば、もはや何も恐れることはない。本源の問いばかりか、この世で生きるための知恵も授けてくれる。

その原理を教えるのが教育である。つまり、実利など求めず、個を捨てて大いなるものに身を投じること。そういいながら、実利が返ってくる。

それもまた愉快なパラドックスであろう。

あとがき

本書を読み終えて、読者の方々はどのような感想をおもちであろうか。いろいろ批判めいたことも書いたが、本書が目的とするところは、とにかくいまの大人たちが真剣に明日の日本や世界を担う子どもたちを育てていかなければならないという意識を強くもたなければならないと警告することである。

教育とは、何を教えるのかではなくて、重要なものを伝えていくことである。人間にとってかけがえのない重要なものを確実に後世に伝えていく義務がある。そこには、営利主義や合理主義ではまかなえないところがある。

いま、私たち現代人がはまり込んでいる落とし穴を冷静に見つめることによって、次へのステップに上がるすべが出てくるはずである。いま生まれてくる子どもたちは、確実に進化している。その進化をあなたは感じるだろうか。大人たちが、その進化に追いついていけないあまりに、様々な問題が起こっている。

小中学生の登校拒否児たちの数が一四万人にも達し、保健室登校という言葉もなじみ深いものとなった。幼稚園児が自由保育という美辞麗句のもとで荒れるようになり、子どもたちの心は、ますます追い込まれてきている。

こうした状況を生みだしたのは、我々大人たちなのだ。子どもたちは、ふがいない大人たちに強烈なノーを突きつけているのに、いっこうに解決策を見出せないままでいる。

もっと、教育の質を高め、やり方を変えなければならないのに、ほとんどの人はそれをやろうとはしない。

いまの子どもたちの力は相当大きいものである。その力の大きさを信じることから行動を始めればよいのに、子どもを疑い、管理することから発想を始めてしまうのだ。そこから悲劇が生まれる。子どもたちのほうが、いまという時代に順応する力は我々大人よりも高い。コンピューターの扱いなんて、遊んでいるうちにマスターしてしまうのを見るだけでも、それがわかるではないか。

もうすでに新たな教育法が存在していることに気づいてほしい。その方法を用いれば、子どもの心を大いに成長させ、リラックスしながら楽しく能力を高めることができるのである。それがMEPなのだ。

この方法は、あまりにも斬新なため、理解できない人もいるだろう。しかし、次第にこの方法のすばらしさが認知され、器の大きな子どもたちが続出するときはそう遠くはないだろう。

子どもたちを単に勉強、勉強で苦しませるのではなく、脳と心の器を大きくしながら、真に有益な少年、少女期、そして思春期、青春期をすごせる環境づくりをすることが、教育者、そして大人たちの役目であると思う。

まずは、自分のできることから始めることが大切だ。そして、人間は、能力も高め、人間性も高めるという知育と徳育の両輪がバランスよく育てることこそ必要なことなのだ。

けっして能力だけを高めようとしてはならない。知も徳もともに高い、これからの二一世紀のリーダーを真剣に育てていこうではないか。


この場を借りて、お世話になった方々のお名前を書かせていただき、お礼を申し上げたいと思います。

筑波大学名誉教授　村上　和雄氏（ＨＥＧＬ顧問）
マインド・ズーム　代表取締役　村山　幸徳氏（ＨＥＧＬ顧問）
元文部省教科書検定員　飯田　太一氏（ＨＥＧＬ顧問）

合掌

ＨＥＧＬ　逸見総合教育研究所　副所長　逸見　浩誉
ＨＥＧＬ　逸見総合教育研究所　所長　逸見　留莅子

著者紹介

逸見 浩誉（へんみ ひろたか）

HEGL　逸見総合教育研究所　　　副所長
東大アカデミー　　　　　　　　　塾長
七田チャイルドアカデミー立川校　副室長

昭和36年生まれ。昭和57年より家庭教師を始め、昭和61年に東京都府中市に成智ゼミナール府中中河原校を設立。

昭和62年に東京都日野市に二校目の成智ゼミナール豊田旭が丘校を開校。

平成元年に東大アカデミーに塾名を変更。

平成4年に東京都立川市に七田チャイルドアカデミー立川校を設立。

平成12年にHEGL　逸見総合教育研究所を設立。同時にＭＥＰプログラムを開発。

平成14年に全国トップ校として特別功労賞を受賞。現在に至る。

逸見 留莅子（へんみ るりこ）

HEGL　逸見総合教育研究所　　　所長
東大アカデミー　　　　　　　　副塾長
七田チャイルドアカデミー立川校　室長

昭和30年生まれ。三菱銀行、三和ホームインテリアチーフを経て、平成元年より東大アカデミーに参画。

平成4年に東京都立川市に七田チャイルドアカデミー立川校を設立。

平成12年HEGL　逸見総合教育研究所を設立。同時にMEPプログラムを開発。

平成14年に全国トップ校として特別功労賞を受賞。現在に至る。

◎過去のＴＶ出演歴

94. 9. 23　テレビ東京系全国12局ネット「ナビゲーター94」
95. 6. 6　中部日本放送「名古屋発！新そこが知りたい」
97. 4. 20　フランスTV　M6「Education　Precose」
98. 6. 17　TBS系全国28局ネット「所さんの20世紀解体新書」
98. 3. 3　TBS系全国32局ネット「ウンナンのホントのトコロ」
02. 2. 2　テレビ朝日系全国25局ネット「これマジ！？」

◎著者連絡先

HEGL　逸見総合教育研究所　立川本部校

〒190-0023　東京都立川市柴崎町3-8-2　buildはなさい6F、7F
TEL042-529-7972
FAX042-528-8952

HEGL　逸見総合教育研究所　MEP立川校

〒190-0023　東京都立川市柴崎町3-10-6　イチカワビル3F
TEL042-526-5181
FAX042-548-0285

◎ MEP公式ホームページ
http://www.HEGL-MEP.com

受験突破の新·思考力開発

2003年3月31日　　初版第1刷発行

著　者　　逸見 浩誉・逸見 留莅子
発行者　　韮澤 潤一郎
発行所　　株式会社 たま出版
〒160-0004　東京都新宿区四谷4-28-20
☎ 03-5369-3051（代表）
http://www.tamabook.com
振替　00130-5-94804
印刷所　　図書印刷株式会社

ISBN4-8127-0159-7 C0037